Diogenes Taschenbuch 250/18

Friedrich Dürrenmatt

*Werkausgabe
in dreißig Bänden*

*Herausgegeben
in Zusammenarbeit
mit dem Autor*

Band 18

Friedrich Dürrenmatt
Aus den Papieren eines Wärters
Frühe Prosa

Diogenes

Umschlag: Detail aus ›Turmbau V: Nach dem Sturz‹ von Friedrich Dürrenmatt.

Weihnacht; Der Folterknecht; Das Bild des Sisyphos; Der Theaterdirektor und *Die Stadt* erschienen erstmals 1952 im Sammelband ›Die Stadt. Prosa I–IV‹ im Verlag der Arche, Zürich. Copyright © 1952, 1980 by Peter Schifferli, Verlags AG ›Die Arche‹, Zürich.

Die Wurst und *Der Sohn* erschienen erstmals 1978 im ›Friedrich Dürrenmatt Lesebuch‹ im Verlag der Arche, Zürich. Copyright © 1978, 1980 by Peter Schifferli, Verlags AG ›Die Arche‹, Zürich.

Der Alte erschien erstmals in ›Der kleine Bund‹, Nr. 12, 25. März 1945. Copyright © 1980 by Diogenes Verlag AG, Zürich.

Die Falle erschien unter dem Titel ›Der Nihilist‹ erstmals 1950 in der Holunderpresse, Horgen-Zürich. Wiederabdruck in ›Die Stadt‹. Copyright © 1952, 1980 by Peter Schifferli, Verlags AG ›Die Arche‹, Zürich.

Pilatus erschien erstmals 1949 als Nr. 42 der Veröffentlichungen der Vereinigung Oltner Bücherfreunde. Wiederabdruck in ›Die Stadt‹. Copyright © 1952, 1980 by Peter Schifferli, Verlags AG ›Die Arche‹, Zürich.

Aus den Papieren eines Wärters wird hier erstmals veröffentlicht, ebenso die dazugehörige Notiz. Copyright © 1980 by Diogenes Verlag AG, Zürich.

Die Texte wurden für diese Ausgabe durchgesehen und korrigiert. Redaktion: Thomas Bodmer.

Inhalt

Weihnacht
Weihnacht 1942

Es war Weihnacht. Ich ging über die weite Ebene. Der Schnee war wie Glas. Es war kalt. Die Luft war tot. Keine Bewegung, kein Ton. Der Horizont war rund. Der Himmel schwarz. Die Sterne gestorben. Der Mond gestern zu Grabe getragen. Die Sonne nicht aufgegangen. Ich schrie. Ich hörte mich nicht. Ich schrie wieder. Ich sah einen Körper auf dem Schnee liegen. Es war das Christkind. Die Glieder weiß und starr. Der Heiligenschein eine gelbe gefrorene Scheibe. Ich nahm das Kind in die Hände. Ich bewegte seine Arme auf und ab. Ich öffnete seine Lider. Es hatte keine Augen. Ich hatte Hunger. Ich aß den Heiligenschein. Er schmeckte wie altes Brot. Ich biß ihm den Kopf ab. Alter Marzipan. Ich ging weiter.

Der Folterknecht

Winter 1943

Die Quader sind tot. Die Luft ist wie Stein. Die Erde drückt von allen Seiten. Aus den Ritzen rieselt kaltes Wasser. Die Erde eitert. Die Dunkelheit lauert. Die Folterzangen träumen. Das Feuer glüht im Schlaf. Die Qualen kleben an den Wänden. Er kauert in der Ecke. Sein Ohr lauscht. Die Stunden kriechen. Er steht auf. Weit oben geht eine Türe. Das Feuer erwacht und lodert rot. Die Zangen bewegen sich. Die Stricke dehnen sich. Die Qualen verlassen die Wände und senken sich auf jeden Gegenstand. Die Folterkammer beginnt zu atmen. Schritte nähern sich.

Er foltert. Die Wände keuchen. Die Quader brüllen. Die Steinplatten winseln. Aus den Ritzen glotzt die Hölle. Die Luft ist siedendes Blei. Das Feuer gießt sich über weißes Fleisch. Die Leitersprossen biegen sich. Die Sekunden sind ewig.

Er kauert wieder in der Ecke. Seine Augen sind leer, seine Hände wie Eis. Das Haar klebt. Die Folterkammer ist müde. Das Blut versickert. Die Quader erstarren. Der Ekel strömt durch die Gitter. Die Stille würgt. Die Zeit erwacht. Die Sekunden beginnen zu tasten und die Stunden schieben sich übereinander. Das Feuer leckt an den letzten Kohlen.

Die Nacht liegt auf der Stadt. Die Sterne sind gelb. Der Mond ist braun. Die Häuser kriechen über den Boden. Er geht durch eine Gasse und betritt die Schenke. Die Fackeln brennen schwarz. Die Menschen fliehen. Der

Wein ist altes Blut. Jemand schreit. In der Ferne rückt ein
Stuhl. Eine Zote wiehert herüber. Ein Weib hat weiße
Haut. Eine Hand liegt darauf. Die Türe geht. Es wird
still. Ein Fremder setzt sich zu ihm.

Er sieht des Fremden Hände. Sie sind schmal. Die
Finger spielen mit einem Stock. Der Silberknauf blinkt.
Das Gesicht ist bleich. Die Augen Abgründe. Die Lippen
öffnen sich. Der Fremde beginnt zu sprechen.

Du bist der Folterknecht. Du bist der letzte der Menschen. Der häßlichste. Ich habe Gold. Ich habe ein Weib
und zwei Kinder. Ich habe Freunde. Einmal werde ich
nichts mehr haben. Ich werde alt werden. Ich werde
sterben. Ich werde verwesen. Ich werde das sein, was du
bist. Mein Leben ist Abstieg ins Nichts. Das deinige
bleibt sich gleich im Nichts. Ich beneide dich. Du bist der
glücklichste Mensch.

Ich habe jede Lust genossen. Doch meine Lust zer-
sprang. Der Ekel blieb. Deine Lust ist unerschöpflich.
Sie ist ewig. Du folterst. Unter deinen Händen zerbricht
die Illusion Mensch. Das schreiende Tier bleibt. Die
kleinste deiner Bewegungen erzeugt unendliche Angst.
Du bist der Anfang und das Ende. Ich mache dir einen
Vorschlag. Laß uns die Gestalt tauschen. Du sollst meine
Frau haben. Mein Gold. Meine Jugend. Meine Macht.
Laß mich Folterknecht sein. Laß uns nach zwei Jahren
wieder zusammenkommen. Vergiß es nicht. Sonst bleiben wir ewig vertauscht.

Die Worte des Fremden hämmern an sein Ohr. Ein
Glas fällt. Der Wein strömt über den Tisch. Auf dem
Boden liegen Scherben. Er sieht des Fremden Gesicht. Es
ist schön. Sein Kleid ist reich. Er küßt die schmalen
Hände. Er hört sich lachen.

Sie betreten einen Saal. Die Schatten fliegen über die Wände. Die Fenster sind leer. An der Decke hängen Fledermäuse. Der Boden ist ein Spiegel. Die Opferschale glüht blau. Der Rauch steigt senkrecht. Er reicht dem Fremden die Hände. Das Licht wird dunkel. Die Schatten lösen sich von den Wänden. Die Luft singt. Die Fledermäuse an der Decke schwanken wie kleine Glokken hin und her. Die Fenster drehen sich. Er sieht den Folterknecht.

Eine unförmige Riesengestalt. Eiterbeulen starren. Eine verweste Fratze schimmert. Ein Auge glotzt rot. Der Augenstern ist ein Geschwür. Der Mund geifert. Er flieht.

Er geht durch die Gassen. Sein Schritt wird ruhiger. Er ist entschlossen, nie mehr zurückzukehren. Seine schmalen Hände spielen mit dem Stock. Die Sonne geht auf. Die Häuser leuchten. Der Himmel ist ein weites Meer. Die Menschen gehen an die Arbeit. Ein Mädchen lacht ihn an.

Er tritt in ein Haus. Die Mauern sind weiß. Die Hunde ziehen sich zurück. Die Diener verbeugen sich. Er küßt die Kinder. Eine Frau kommt. Sie ist zart. Das Haar ist blond. Ihr Fuß ist klein. Er lacht. Sie umarmt ihn. Er fährt ihr über die Brust.

Die Nacht ruht. Der Tag ist fern. Das Zimmer atmet regelmäßig. Die Dunkelheit ist warm. Sie liegt nackt. Ihre Haut ist wie eine Wolke.

Die Tage wandeln. Die Monate steigen. Ein Jahr vergeht. Die Gassen sind leer. Die Hände spielen mit dem Stock. Das Silber blinkt. Der Himmel lastet auf der Erde. Der Boden ist weiß. Der Schnee knirscht. Er geht durch eine Allee. Ein Ast liegt auf dem Schnee. Ein kleines Kind schreit. Der Ast ist wie eine Folterzange.

Er sitzt im Sessel. Es ist dunkel. Er trinkt. Der Wein ist altes Blut. Die Finsternis kriecht in die Poren. Die Stille martert. Das Kaminfeuer lodert rot. Die weiße Mauer daneben hat einen Riß. Er schlägt mit dem Absatz des Stiefels den Mörtel ab. Quader kommen hervor. Er steht auf und geht hinaus. Er peitscht die Hunde tot.

Die Stunde naht. Er gibt ein Fest. Der Saal lärmt. Die Tische biegen sich. Die Lichter flackern über die Gesichter. Die Frauen haben runde Schultern. Die Männer lachen. Die Schatten fliegen über die Wände. Eine Zote wiehert herüber. Er küßt. Sie reißt das Kleid auf. Der Wein strömt über den Tisch. Blut versickert. Er springt auf. Er eilt weg. Er springt durch die Gassen. Die Häuser pfeifen. Die Türme wachsen pfeilschnell in den Himmel. Die Gasse senkt sich. Die Häuser rücken zusammen. Sie versperren ihm den Weg. Er macht sich Platz und stürzt in den Saal. Die Opferschale ist zerbrochen. Die Fenster starren ihn an. Der Boden ist bedeckt mit toten Fledermäusen. Er wartet. Seine Lippen zittern. Der Folterknecht kommt nicht.

Er schleicht zurück. Der Himmel ist kalter Schiefer. Sein Haus ist bleich. Seine Frau schläft. Sie liegt still. Ihr Haar ist wie Gold. Er hebt die Fackel. Feuer gießt sich über weißes Fleisch. Das Bett ist eine Folterbank. Jemand stöhnt. Das Blut ist rot.

Er sitzt. Er schweigt. Das Licht ist grell. Die Menschen gehen an einem Fenster vorüber. Die Richter reden. Er steht auf. Die Richter sagen Worte.

Der Gang führt immer tiefer. Er ist schmal. Der Boden ist aus Stein. Die Wände sind Quader.

Eine Türe öffnet sich. Der Raum ist viereckig. Ein Feuer flackert ihm entgegen. Die Luft ist naß. Aus der

Ecke löst sich ein Schatten. Zangen heben sich aus dem Feuer. Der Schatten kommt näher. Er schreit auf. Es ist der Folterknecht.

Er ist an den Boden geschmiedet. Sein Mund brüllt. Die steinerne Decke fällt. Die Luft verklebt die Poren. Die Gewichte sind stöhnende Erdkugeln. Die Folterkammer ist die Welt. Die Welt ist Qual. Der Folterknecht ist Gott. Der foltert.

Ein Mensch schreit:

Warum bist du nicht gekommen?

Gott lacht:

Was soll ich wieder Mensch werden.

Ein Mensch stöhnt:

Was quälst du mich?

Gott lacht:

Ich brauche keinen Schatten.

Ein Mensch stirbt.

Die Wurst

Winter 1943

Ein Mensch erschlug seine Frau und verwurstete sie. Die Tat wurde ruchbar. Der Mensch wurde verhaftet. Eine Wurst wurde noch gefunden. Die Empörung war groß. Der höchste Richter des Landes übernahm den Fall.

Der Gerichtssaal ist hell. Durch die Fenster stürzt die Sonne. Die Wände sind grelle Spiegel. Die Menschen sind eine brodelnde Masse. Sie füllen den Saal. Sie sitzen auf den Fenstersimsen. Sie hängen an den Kronleuchtern. Die Glatze des Staatsanwalts brennt rechts. Sie ist rot. Der Verteidiger ist links. Seine Brille sind blinde Scheiben. Der Angeklagte sitzt in der Mitte zwischen zwei Polizisten. Seine Hände sind groß. Die Finger haben blaue Ränder. Über allen thront der höchste Richter. Seine Robe ist schwarz. Sein Bart ist eine weiße Fahne. Seine Augen ernst. Seine Stirne Klarheit. Seine Brauen Zorn. Sein Antlitz Menschlichkeit. Vor ihm die Wurst. Sie liegt auf einem Teller. Über dem höchsten Richter thront die Gerechtigkeit. Ihre Augen sind verbunden. In der rechten Hand hält sie ein Schwert. In der linken eine Waage. Sie ist aus Stein. Der höchste Richter hebt die Hand. Die Menschen schweigen. Die Bewegung erstarrt. Der Saal ruht. Die Zeit lauert. Der Staatsanwalt steht auf. Sein Bauch ist eine Erdkugel. Seine Lippen sind eine Guillotine. Seine Zunge ist ein Fallbeil. Die Worte hämmern in den Saal. Der Angeklagte zuckt zusammen. Der Richter horcht. Zwischen den Brauen steht eine steile

Falte. Seine Augen sind wie Sonnen. Ihre Strahlen treffen den Angeklagten. Der sinkt zusammen. Seine Knie schlottern. Seine Hände beten. Seine Zunge hängt. Seine Ohren stehen ab. Die Wurst vor dem höchsten Richter ist rot. Sie ist still. Sie schwillt. Die Enden sind rund. Die Schnur am Zipfel ist gelb. Sie ruht. Der höchste Richter sieht auf den niedrigsten Menschen hinab. Der ist klein. Seine Haut ist wie Leder. Sein Mund ist ein Schnabel. Seine Lippen getrocknetes Blut. Seine Augen Stecknadelköpfe. Seine Stirne flach. Seine Finger dick. Die Wurst riecht angenehm. Sie rückt näher. Die Haut ist rauh. Die Wurst ist weich. Sie ist hart. Der Nagel hinterläßt eine halbmondartige Spur. Die Wurst ist warm. Ihre Form ist mollig. Der Staatsanwalt schweigt. Der Angeklagte hebt den Kopf. Sein Blick ist ein gemartertes Kind. Der höchste Richter hebt die Hand. Der Verteidiger schnellt auf. Die Brille tanzt. Worte springen in den Saal. Die Wurst dampft. Der Dampf ist warm. Ein Messerchen klappt. Die Wurst spritzt. Der Verteidiger schweigt. Der höchste Richter sieht den Angeklagten. Der ist weit unten. Er ist ein Floh. Der höchste Richter schüttelt den Kopf. Sein Blick ist Verachtung. Der höchste Richter beginnt zu sprechen. Seine Worte sind Schwerter der Gerechtigkeit. Sie fallen wie Berge auf den Angeklagten. Seine Sätze sind Stricke. Sie geißeln. Sie würgen. Sie töten. Das Fleisch ist zart. Es ist süß. Es zergeht wie Butter. Die Haut ist etwas zäher. Die Wände dröhnen. Die Decke ballt die Fäuste. Die Fenster knirschen. Die Türen rütteln an den Angeln. Die Mauern stampfen mit den Füßen. Die Stadt erbleicht. Die Wälder verdorren. Die Wasser verdampfen. Die Erde bebt. Die Sonne stirbt. Der Himmel fällt zusammen. Der Angeklagte wird verdammt. Der Tod öffnet sein Maul. Das Messerchen legt sich auf den Tisch. Die Finger sind klebrig. Sie fahren über die schwarze Robe. Der höchste Richter schweigt. Der Saal ist tot. Die Luft ist schwer. Die Lungen sind voll Blei. Die Menschen zittern. Der Angeklagte klebt am Stuhl. Er ist verdammt. Er darf eine letzte Bitte tun. Er kauert. Die Bitte kriecht aus seinem Hirn. Sie ist klein. Sie wächst. Sie wird ein Riese. Sie ballt sich. Sie formt sich. Sie zwängt die Lippen auseinander. Sie stößt in den Gerichtssaal. Sie klingt. Den Rest seiner armen Frau möchte der perverse Lustmörder essen: die Wurst. Der Abscheu schreit auf. Der höchste Richter hebt die Hand. Die Menschen verstummen. Der höchste Richter ist wie Gott. Seine Stimme ist die letzte Posaune. Er gewährt die Bitte. Der Verdammte darf die Wurst essen. Der höchste Richter sieht auf den Teller. Die Wurst ist weg. Er schweigt. Die Stille ist dumpf. Die Menschen schauen den höchsten Richter an. Die Augen des Verdammten sind groß. In ihnen steht eine Frage. Die Frage ist entsetzlich. Sie strömt in den Saal. Sie senkt sich auf den Boden. Klammert sich an die Wände. Hockt oben an der Decke. Nimmt Besitz von jedem Menschen. Der Saal weitet sich. Die Welt wird ein ungeheures Fragezeichen.

Der Sohn

Winter 1943

Ein Chirurg, der sich sowohl als Chefarzt einer berühmten Klinik als auch durch wissenschaftliche Forschungen einen großen Namen erworben und durch Wohltätigkeit den Armen gegenüber allgemeine Beliebtheit erlangt hatte, gab, auf der Höhe seiner Laufbahn, den Beruf zur Bestürzung und Verwunderung der Freunde und Kollegen auf, veröffentlichte in allen Zeitungen des Landes Heiratsinserate, studierte die vielen Anträge auf das gewissenhafteste, besuchte sämtliche Bordelle der Stadt, ließ sich mit jeder Dirne in lange Gespräche ein, forschte nach Charakter und Verhältnissen jeder Frau, der er begegnete, erweckte durch sein absonderliches Treiben, als ein sittenstrenger Junggeselle bekannt, überall Kopfschütteln und Bedenken, warb schließlich um die Gunst einer achtzehnjährigen Schönheit, Tochter eines reichen Fabrikanten, schwängerte diese, auf heftigste Abneigung stoßend, nachdem er sie in sein Haus gelockt, auf eine brutale Art gewaltsam, brachte den Sohn, den sie ihm unter seiner alleinigen Obhut in seiner Privatklinik geboren, ohne Rücksicht darauf, daß die junge Frau unter heftigen Blutungen verschied, sofort nach der Geburt mit einem Automobil in rasender Fahrt nach einer Villa, die er in einem wilden Park, fünfzig Kilometer von der Stadt, hatte bauen lassen, wo er ihn ohne fremde Hilfe, sei es auch diejenige der Amme, aufzog, derart, daß er stets nackt mit ihm lebte, ihm jeden Wunsch erfüllte, ihn aber ohne Wissen um Gut und Böse ließ, jeden Verkehr mit Menschen auf so geschickte Weise unmöglich machte, daß der Sohn glaubte, er und der Vater seien die einzigen Menschen, die es gäbe, mit dem Park aber höre die Welt auf, bis der Vater ihm eine Hure, die er aus einem der ordinärsten Häuser hatte kommen lassen, zuführte, worauf der Sohn, eben fünfzehn geworden, den Park, ohne daß der Vater ihn zu hindern suchte, nackt, wie er geschaffen, verließ, schon nach einer Stunde aber, Kleider verlangend, zurückkehrte, um nach vierundzwanzig Stunden, da er einen Menschen, der sich geweigert hatte, ihm ohne Bezahlung Nahrung zu geben, kurzerhand umgebracht, gehetzt von der Polizei und deren Hunden, die ihm dicht auf den Fersen waren, die Hände und das Gesicht mit Blut verschmiert, zum Vater zurückzuflüchten, der ihn, ohne zu fragen, aufnahm, die Polizei mit einem Maschinengewehr zurücktrieb, sich, als diese den Kampf wieder begann, Seite an Seite mit dem Sohn in einem Zimmer verschanzte, sich aufs wütendste, ohngeachtet, daß die Villa, von Handgranaten halb zerstört, in Flammen aufging, gegen die Übermacht verteidigte, die Angreifer, die sich hinter den Bäumen und Büschen des Parks verbargen, immer wieder in die Flucht schlagend und den Boden mit Leichen bedeckend, bis der Sohn, durch eine Kugel, die ihm die Schulter zerschmetterte, schwer verwundet, in der Ecke des Zimmers, wo er blutüberströmt lag, halb erstickt durch eindringenden Rauch, heftige Flüche gegen den Vater ausstoßend, ihm vorwarf, er habe ihn zu einer Bestie gemacht, so daß die Menschen ihn, obgleich er nicht wisse warum, wie ein Tier verfolgten und mit Hunden hetzten, worauf der Vater, ohne mit der Wimper zu zucken, den Sohn niederschoß.

Der Alte

1945

So mächtig kamen die Schwärme der Panzer über die Hügel, daß jeder Widerstand unmöglich wurde. Trotzdem kämpften die Männer, vielleicht, daß sie an ein Wunder glaubten. In einzelne Gruppen aufgeteilt, gruben sie sich in die Erde. Einige ergaben sich, die meisten fielen und nur wenige entkamen in die Wälder. Dann hörte der Kampf so plötzlich auf, wie Gewitter bisweilen aufzuhören pflegen. Wer noch lebte, warf die Waffen weg und lief mit erhobenen Händen dem Feind entgegen. Das Entsetzen lähmte die Menschen. Die fremden Soldaten breiteten sich über das Land wie Heuschrecken. Sie zogen in die alten Städte ein. Sie gingen mit schweren Schritten durch die Gassen und trieben die Leute in die Häuser, wenn es Abend wurde. Durch die Dörfer rollten schwere Panzerwagen, oft mitten durch die Hütten, die über ihnen zusammenstürzten, denn in den Dörfern war der Widerstand noch nicht erloschen. Es war ein Widerstand, der im Geheimen glomm, in den Augenwinkeln der Knaben, in der bedächtigen Bewegung der alten Männer, im Schreiten der Frauen. Es war ein Widerstand, der die Luft verpestete, daß die Fremden wie in Ländern atmeten, in denen eine Seuche ausgebrochen ist. Aus den Wäldern tauchten Männer auf, bald einzeln, bald in Gruppen, und verschwanden wieder in den undurchdringlichen Forsten, wohin zu folgen kein Fremder wagte. Noch gab es mit dem Feind keine Zusammenstöße, aber Menschen, die mit ihm zusammengearbeitet hatten, wurden tot aufgefunden. Dann kam der Aufstand. Die Jünglinge und Greise warfen sich mit alten Gewehren auf den Feind, der wie vom Alpdruck befreit zuschlug; es wurden Weiber gesehen, die mit Heugabeln und Sensen angriffen. Eine Nacht und einen Tag dauerte der Kampf, dann brach der Aufstand zusammen. Die Dörfer wurden umzingelt, die Einwohner zusammengetrieben und mit Maschinengewehren niedergemacht. Die brennenden Wälder erhellten wochenlang die Nächte.

Dann wurde es still, wie es in Gräbern still wird, wenn die Erde den Sarg deckt. Die Menschen gingen einher, als wäre nichts geschehen. Sie begruben ihre Toten. Der Bauer kehrte zum Pflug zurück, der Handwerker zu seiner Werkstatt. Aber tief in ihnen war mächtig geworden, was sie nie zuvor gekannt hatten: es war der Haß. Er nahm sie ganz in Besitz, erfüllte sie mit glühender Kraft und bestimmte ihr Leben. Es war nicht ein wilder ungeduldiger Haß, der vorschnell handeln muß, um leben zu können, es war ein Haß, der warten konnte, jahrelang, der still in ihnen ruhte, nicht auf der Oberfläche, sondern ganz in der Tiefe, eins mit ihrem Wesen, der keinen Ausweg nach Außen brauchte, sich vielmehr wie ein Schwert in die Seele bohrte, aber nicht um diese zu vernichten, sondern sie durch seine Glut zu stählen. Aber wie das Licht jener Sterne, die in ungeheuren Fernen sich bewegen, den Weg zu uns findet, so fand dieser Haß den Weg zu einer Gestalt, die ganz im Hintergrunde war, irgendwo im Unaufhellbaren, unsichtbar wie viele Gestalten des Abgrundes, von der sie nichts Bestimmtes wußten, als daß von ihr alle die Schrecken der Hölle ausgingen, die sie erdulden mußten, und so sehr richtete sich der Haß der Unterdrückten gegen diese Gestalt, die sie den Alten nannten, daß ihnen die fremden Soldaten gleichgültig wurden und oft lächerlich vorkamen. Sie witterten mit dem Instinkt des Hasses, daß diese Menschen, die alle gleich aussahen in ihren Uniformen und Stahlhelmen und ihren kurzen schweren Stiefeln, sie nicht aus Grausamkeit quälten, sondern weil sie ganz in der Gewalt des Alten waren. Diese Soldaten handelten als willenlose Instrumente, ohne Freiheit, ohne Hoffnung, ohne Sinn und ohne Leidenschaft, verloren in fremdem Lande, unter Menschen, die den Fremden, der in ihr Land eingedrungen war, verachteten, wie Folterwerkzeuge verachtet werden oder wie der Henker als ehrlos angesehen wird. Über alle war ein riesenhafter Zwang gelegt, Unterdrückte und Unterdrücker aneinanderkettend wie Galeerensklaven, und das Gesetz, das sie trieb, war die Macht des Alten. Die Menschen waren ineinander verbissen, jede Menschlichkeit zwischen ihnen gefallen, und je mehr das Volk haßte, desto grausamer wurden die fremden Soldaten. Sie marterten die Frauen und Kinder, um die Qualen nicht zu fühlen, die sie selber dulden mußten. Alles war notwendig, wie in den mathematischen Büchern alles notwendig ist. Die feindliche Armee war eine ungeheure, komplizierte Maschine, die auf dem Lande lastete und es zerdrückte, aber irgendwo mußte das Hirn sein, das sie lenkte und seine Ziele mit ihr verfolgte, ein Mensch aus Fleisch und Blut, den man mit allen seinen Sinnen hassen konnte, und dies war der Alte, von dem sie nur flüsternd zu sprechen wagten, wenn sie ganz unter sich waren. Niemand hatte ihn je gesehen, sie hörten nie seine Stimme, sie wußten nicht einmal seinen Namen, die grausamen Maßregeln, die sie erdulden mußten, trugen die Unterschriften gleichgültiger Generäle, die dem Alten gehorchten, ohne je von ihm gehört zu haben, und sich vielleicht einbildeten, aus eigenem Ermessen zu handeln.

Daß die Unterdrückten vom Alten wußten und daß sie ihn haßten, war ihre geheime Kraft, durch die sie den Feinden überlegen waren. Die fremden Soldaten haßten den Alten nicht, sie wußten nichts von ihm, wie die Maschinenteile nichts vom Menschen wissen, dem sie dienen müssen, sie haßten auch das Volk nicht, das sie unterdrückten, aber sie fühlten, daß es immer mächtiger wurde in seinem Haß, der sich gegen etwas richtete, das sie nicht kannten, mit dem sie aber geheimnisvoll verbunden sein mußten. Sie sahen sich vom Volk immer verächtlicher behandelt, und sie wurden immer grausamer und hilfloser. Sie wußten nicht, was sie taten und warum sie unter den fremden Menschen waren, die so tödlich und beharrlich haßten. Etwas war über ihnen, das mit ihnen verfuhr, wie man mit Tieren verfährt, die man zu diesem oder jenem abgerichtet hat. So lebten sie dahin wie Gespenster, die in den langen Winternächten umhergehen.

Über allen aber, den fremden Soldaten, den Bauern und den Menschen in den alten Städten, kreisten Tag und Nacht riesige Silbervögel, die unmittelbar dem Alten unterstellt waren, wie das Volk zu wissen glaubte. Ganz hoch kreisten sie, daß man nur selten das Brüllen ihrer Motoren vernahm. Hin und wieder stießen sie von ihren Höhen wie Geier herab, ihre tödlichen Lasten auf die Dörfer zu werfen, die rot aufflammten unter ihnen, oder auf eigene Kolonnen, die den Befehlen nicht schnell genug nachgekommen waren.

Dann aber erreichte der Haß der Unterdrückten jene hohen Grade, wo selbst schwache Menschen fähig werden, das Höchste zu vollbringen, so daß es einem jungen Weibe bestimmt war, den zu finden, den sie mehr haßte als alles in der Welt. Wir wissen nicht, wie sie zu ihm gelangte. Wir können nur vermuten, daß der äußerste Haß eine Hellsichtigkeit verleiht und die Menschen unangreifbar macht. Sie kam zu ihm, ohne daß jemand sie zu hindern suchte. Sie fand ihn allein in einem kleinen altertümlichen Saal, dessen Fenster weit offen waren, durch die das Licht der Sonne flutete und das Gezwitscher der Vögel hereindrang, wo an den Wänden alte Bücher standen und Büsten der Denker. Nichts war außergewöhnlich und deutete darauf hin, daß er in diesem Saal sein mußte, und doch erkannte sie ihn. Er saß über eine große Karte gebeugt, riesig und ohne Bewegung. Er schaute ihr ruhig entgegen, die Hand auf einen großen Hund gelegt, der zu seinen Füßen saß. Es war nichts in diesem Blick, das bedrohlich war, aber auch keine Frage, woher sie komme. Sie blieb stehen und begriff, daß ihr Spiel verloren war. Aber dennoch nahm sie den Revolver aus den Falten ihres Gewandes und richtete ihn auf den Alten. Dieser lächelte nicht einmal. Er schaute gleichgültig auf die Frau, und endlich, als er begriff, streckte er die Hand ein wenig vor, wie wir es Kindern gegenüber tun, die uns etwas schenken wollen. Sie näherte sich ihm und legte den Revolver in seine offene Hand, die ihn leise umschloß und langsam auf den Tisch legte. All diese Bewegungen hatten etwas Lautloses an sich, und dem ganzen Geschehen wohnte etwas Kindliches inne, aber gleichzeitig war alles erschreckend sinnlos und nebensächlich. Dann senkte er die Augen und schaute auf die Karte, als hätte er den ganzen Vorgang schon vergessen. Sie wollte fliehen, aber da begann der Alte zu sprechen.

»Sie sind gekommen, mich zu töten«, sagte er. »Es ist ganz nutzlos, was Sie tun wollten. Es gibt nichts Unbedeutenderes als den Tod.« Er sprach langsam und seine Stimme war wohlklingend, aber er schien seinen Worten nicht die geringste Bedeutung beizumessen. »Von wo sind Sie?« fragte er dann, ohne den Blick von der Karte zu wenden, und als sie den Namen der Stadt nannte, bemerkte er nach einer langen Pause, während der er eifrig auf der Karte gesucht hatte, daß diese Stadt zerstört sein müsse, da sie mit einem roten Kreuz versehen sei. Dann schwieg er und fing an, große Linien über die Karte zu ziehen, kreuz und quer. Es waren schwere, phantastische Linien, die er zog, in merkwürdigen Kurven von einer eigenartigen Symmetrie, die das Auge zwingen, ihnen nachzuspüren, die aber den Sinn unfehlbar zu verwirren pflegen. Sie stand wenige Meter von ihm und schaute auf ihn, der wie eine ungeheure dunkle Masse über die Karte gebeugt war. Sie stand da in der Abendsonne, die weiches Gold über den Alten warf. Er beachtete die Sonne nicht und das Weib nicht, das ihn töten wollte und versagt hatte. Er war im Leeren, dort, wo es keine Beziehungen mehr gibt und keine Verantwortung anderen gegenüber. Er haßte die Menschen nicht, er verachtete sie nicht, er bemerkte sie nicht, und das Weib ahnte, daß hier der geheime Ursprung seiner Macht zu vermuten war. So stand sie wie eine Gerichtete vor ihm, unfähig, ihn zu hassen, und wartete auf den Tod, der ihr von seiner Hand zukam. Dann aber erkannte das Weib, daß er sie und ihre Tat vergessen hatte und daß sie gehen konnte, wohin sie wollte, aber auch, daß dies seine Rache war, die schrecklicher vernichtete als der Tod. Sie ging langsam gegen die Tür.

Da schlug der schwarze Hund zu seinen Füßen scharf an. Sie wandte sich zurück gegen den Alten, und er schaute auf. Seine Hand ergriff den Revolver, mit dem sie ihn hatte töten wollen. Dann sah sie die Waffe in seiner offenen Handfläche liegen, die sich ihr darbot. So überbrückte er mit einer unmenschlichen Geste, die unendlich demütigte, den Abgrund zwischen ihnen und deckte das innerste Wesen seiner Macht auf, die sich schließlich zerstören mußte, wie alle Dinge, deren Wesen im Absurden liegt. Sie schaute in seine Augen, die ihr ohne Spott und ohne Haß entgegengewandt waren, aber auch ohne Güte, und die nicht ahnten, daß er ihr alles wiedergegeben, was er ihr genommen, ihren Haß und die Kraft, ihn zu töten. Ruhig nahm sie die Waffe aus seiner Hand, und als sie schoß, fühlte sie jenen Haß, den Menschen bisweilen gegen Gott hegen. Er legte noch den Stift, mit dem er über die Karte gefahren, sorgfältig auf den Tisch, fiel dann aber langsam nieder, wie eine uralte Göttereiche, die gefällt wird, und der Hund leckte ruhig das Gesicht und die Hände des Toten, ohne sich im geringsten um das Weib zu kümmern.

Das Bild des Sisyphos

1945

Der Zufall hatte mich diesen Winter in ein Dorf der französischen Schweiz geführt, doch ist mir die einsame Zeit, die ich dort verlebte, nur traumartig in der Erinnerung geblieben. Ich sehe zwar deutlich die langgewellten weißen Hügel, aber die wenigen Hütten haben sich gespenstisch zu einem Genist von Treppen, Korridoren und unfreundlichen Räumen zusammengezogen, durch die ich aufgeregt hin und her eile. Nur ein Erlebnis dieser verlorenen Wochen blieb in meinem Geiste haften, wie uns etwa noch lange ein greller Fleck vor Augen schwebt, wenn wir unvermutet die Sonne sehen. Ich habe damals von einer winkligen Treppe aus, die sich irgendwo im Dunkel verlor, durch ein halbvereistes Fenster in eine hellerleuchtete Stube geschaut, wo sich alles deutlich, aber völlig lautlos abspielte. So blieb jede Einzelheit in meinem Sinne haften, und ich könnte die Farbe der Kleidungsstücke angeben, welche die Kinder damals getragen haben, besonders erinnere ich mich an eine feuerrote, mit Gold verstickte Jacke eines blonden Mädchens. Auf dem runden Tisch errichteten die Kinder ein großes Kartenhaus, und es war eigenartig, ihren überaus vorsichtigen Bewegungen zu folgen. Dann aber, als es vollendet stand, begannen sie das Gebäude zu vernichten. Sie zerstörten es jedoch nicht mit einer heftigen Bewegung, wie ich erwartet hatte, sondern, indem sie eine Karte sorgfältig von der andern nahmen, bis nach großer Mühe, die genau der Arbeit entsprach, mit der es gebaut wurde, das Kartenhaus verschwunden war. Das seltsame Geschehen erinnerte mich an den Untergang eines Menschen, der lange zuvor gelebt hatte. Indem ich nämlich aus dem Verborgenen nach den Kindern sah, war es, als ob hinter dem ruhigen Bilde, das sich mir in der Stube darbot, ein zweites hervorleuchten würde, dunkler und seltsamer als das erste, aber doch mit ihm verwandt, verschwommen zuerst, dann immer deutlicher, und wie ein Verstorbener durch geheimnisvolle Handlung beschworen wird, trat jener Unglückliche in mein Bewußtsein, an den zu denken ich so lange nicht gewagt hatte, durch das Spiel der Kinder hervorgerufen, aber nicht schreckhaft, sondern durch das Zwielicht der Erinnerung gedämpft, mit scharfen Umrissen jedoch, denn sein Wesen war mir auf einmal im Bilde offenbar. Wie der hereinbrechende Tag uns bisweilen zuerst die Linien des Horizontes, dann aber die einzelnen Dinge enthüllt, tauchten die verschiedenen Züge dieses Menschen in mir auf.

Auch wurden die dunklen Vermutungen in mir wach, die sich um seine Person gebildet hatten. So entsinne ich mich, daß mich damals die auf dem Tische liegenden Karten an das Gerücht gemahnten, das ihm eine geheime Leidenschaft zum Spiel nachsagte. Ich pflegte dies lange für eine Legende anzusehen, die sich um den absonderlichen Menschen gewoben hatte, wie vieles andere auch, ohne von der entsetzlichen Ironie zu ahnen, die ihn bestimmte. Mich hatte damals der Umstand getäuscht, daß er sich mit Dingen umgab, die nicht dem Augenblick unterworfen waren, doch hätten mich seine Worte warnen müssen, denn er liebte oft zu sagen, er verstehe mehr von der Kunst als wir alle, weil er dem Augenblick verfallen sei und sie darum so ruhig betrachten könne wie wir die Sterne. Dann scheint es mir heute wesentlich, daß mir selbst sein Name entfallen ist, doch glaube ich mich zu erinnern, daß ihn die Studenten den ›Rotmantel‹ nannten. Wie er zu diesem Namen gekommen sein mochte, wenn er ihn je führte, ist mir entschwunden, doch mag seine Vorliebe für die rote Farbe eine gewisse Rolle gespielt haben.

Wie es jedoch bei Menschen oft der Fall ist, die eine große Macht über andere besitzen, lag auch der seinen ein verstecktes Verbrechen zugrunde, dem er sein riesiges Vermögen verdankte, über das wir märchenhafte Dinge hörten. Solche Verbrechen werden selten aus eigener Schlechtigkeit heraus begangen, sie sind ein notwendiges Werkzeug dieser Menschen, mit derer Hilfe sie in die Gesellschaft einbrechen, die sich ihnen verschließt.

Das Verbrechen des ›Rotmantels‹ aber war seltsam, wie alles, was er unternahm, und auch die Art seltsam, wie er daran zugrunde ging, doch kann ich hier nicht verschweigen, daß es mir schwer fällt, die äusseren Ereignisse in meinem Geiste lückenlos herzustellen, die zu seinem Untergang führten. Es mag dies im Wesen der Erinnerung liegen, die uns Dinge, die wir in der Zeit erlebt haben, nun von außen und zeitlos vor Augen führt, so daß uns ein Gefühl der Unsicherheit befällt, da wir eine geheime Unstimmigkeit zwischen unserer Erinnerung und dem wirklich Gewesenen ahnen. Auch erinnern wir uns niemals an alle Episoden einer Handlung mit gleicher Deutlichkeit, einige verbergen sich in undurchdringbarem Dunkel, andere erstrahlen in äußerster Klarheit, daher pflegen wir uns oft in der Reihen-

folge der einzelnen Momente zu irren, indem wir sie nach
den Graden der Helligkeit einordnen und so von der
Wirklichkeit unwillkürlich abweichen. So erscheint mir
denn auch jene Nacht in einem gespensterhaften Licht, in
der ich zum ersten Male die Gewalt des Malstromes
spürte, der den ›Rotmantel‹ in den Abgrund reißen sollte.

Wir versammelten uns damals gegen Ende des Herbstes
bei einem der reichsten und unglücklichsten Männer
unserer Stadt, der erst vor wenigen Jahren in bitterster
Armut gestorben ist. Ich erblicke mich deutlich, wie ich
mit dem Arzt, der mich damals während meiner langen
Krankheit pflegte, in ein kleines Nebengemach mit eigen-
artiger Wölbung trete, dessen Wände den Lärm des
Festes zu einer geheimnisvollen Musik dämpften. Auch
ist es mir, als hätten wir damals ein sehr umständliches
Gespräch geführt, das dem Wesen meines Partners entsprach, worin ich bemüht war, einen ständig wiederkeh-
renden Einwand zu widerlegen, der aus einer merkwürdigen Behauptung bestand, die mir entfallen ist. Es war
ein ermüdender Dialog, der sich in einem hoffnungslosen
Zirkel bewegte. Wir schwiegen erst, als wir ein Bild
erblickten, das in schwerem Rahmen an der Wand hing,
in welchem ich auf einer kleinen Fläche den Namen des
Niederländers Hieronymus Bosch las. Wir betrachteten
mit großer Verwunderung das kleine Bild, das auf Holz
gemalt war und die Hölle in ihren scheußlichsten und
geheimsten Qualen darstellte, durch eine sonderbare
Verteilung der roten Farbe beunruhigt. Ich glaubte in ein
loderndes Feuermeer zu blicken, dessen Flammen immer
neue zahllose Formen bildeten, und ich kam erst nach
einiger Zeit den Gesetzen auf die Spur, die dem Bilde

zugrunde liegen mochten. Vor allem erschreckte mich die Tatsache, daß mein Blick, durch Vorrichtungen des rätselhaften Malers gelenkt, immer wieder zu einem nackten Menschen zurückkehrte, der, fast verborgen durch das zahllose Volk der Gefolterten, einen ungeheuren Felsen einen Hügel hinaufwälzte, der drohend ganz im Hintergrund aus einem Meer von dunkelrotem Blut ragte. Es konnte nur Sisyphos darstellen, welcher der listigste der Menschen gewesen sein soll, wie uns überliefert ist. Ich erkannte, daß sich hier der Schwerpunkt des Bildes verbarg, um den sich alles wie um eine Sonne drehte. Gleichzeitig aber stieg in mir das Gefühl auf, das Bild des alten Meisters gebe das Schicksal des ›Rotmantels‹ wieder, in einer Bildschrift gleichsam, ohne daß ich sie damals aber hätte entziffern können. Es ist möglich, daß die roten Farbmassen des Bildes diesen Verdacht erweckten, der sich zur vollen Gewißheit steigerte, als der ›Rotmantel‹ das Gemach mit dem Gastgeber, einem Bankier, betrat. Sie kamen, ohne zu sprechen, nicht in Masken, wie die meisten, sondern in Abendkleidern, mit der vollendeten Gelassenheit zweier Weltmänner, aber ihre Augen blickten starr. Ich erkannte, daß sich zwischen den beiden etwas Entsetzliches vollzogen hatte, das sie zu Todfeinden machen mußte und durch einen mir unbekannten Grund mit dem Bilde verknüpft war.

Doch dauerte alles nur Augenblicke. Der Bankier schritt mit dem Arzt in den Saal zurück, und der ›Rotmantel‹ verwickelte mich in ein sonderbares und dunkles Gespräch über Sisyphos, das immer drohendere Gebiete erschloß, wohin der Geist sich nur ungern zu verirren pflegt; auch schien unter seinen Worten jener Fanatismus zu glühen, den wir bei Menschen antreffen, die entschlossen sind, ihrer Idee die Welt zu opfern. Obschon nur noch Teile unseres Gesprächs in meinem Gedächtnis haften blieben, so erinnere ich mich doch, damals durch seine Worte überzeugt worden zu sein, daß ihn eine heftige und absonderliche Liebe zu diesem alten Bilde trieb, von dem er während der ganzen Unterhaltung kein Auge ließ. Nur noch ungenau entsinne ich mich einiger Andeutungen über geheimnisvolle Parallelen, die zwischen der Qual des Sisyphos und dem Wesen der Hölle zu vermuten seien. Dann sprach er spöttisch von der Ironie, die den Höllenqualen innewohne, welche die Schuld des Verdammten gleichsam parodiere, so daß dessen Qual auf eine entsetzliche Weise verdoppelt würde.

Der Rest des Gesprächs ist mir wie ein schwerer Traum entschwunden, auch weiß ich nicht mehr, wie wir uns trennten; vom Feste, das bis zum späten Morgen dauerte, sind mir nur einige koboldartige Masken in Schwarz und leuchtendem Gelb erinnerlich, die damals von Tänzerinnen getragen wurden.

Dann war es der Arzt, mit dem ich meiner Wohnung zu ging, lange vor Ende des Festes, durch meine Krankheit zu frühem Aufbruch genötigt, durch den dichten Nebel hindurch, der manchmal weiß aufleuchtete; auch wurden die räumlichen Verhältnisse zerstört, und wir bewegten uns wie in einem Keller, in den wir heimlich gedrungen waren. Das Gefühl der unmittelbaren Gefahr wurde dadurch verstärkt, daß vor uns ständig der Umriß eines Mannes zu sehen war, den wir hartnäckig einzuholen versuchten, da wir in ihm den ›Rotmantel‹ vermuteten, für den der Arzt seit langem ein immer wachsendes

Interesse zeigte. Unser Unternehmen scheiterte aber regelmäßig daran, daß sich die Gestalt anders verhielt, als wir in jedem Moment erwarteten, so daß wir immer auf eine unheimliche Weise getäuscht wurden. Indem wir so weitergingen und ängstlich nach dem Voranschreitenden spähten, der uns bald fast entschwunden, dann aber plötzlich wieder greifbar nahe war, begann der Arzt sehr leise vom ›Rotmantel‹ zu berichten, wie einer, der fürchtet, gehört zu werden. Die hauptsächlichsten Punkte seiner Darstellung entwickelten sich aus dem Umstand, daß der ›Rotmantel‹ mehrere Male versucht hatte, das Bild in seinen Besitz zu bringen, wie der Arzt erfahren hatte, aber stets am Bankier gescheitert war, der die größten Angebote von sich gewiesen hatte. Daran knüpfte der Arzt eine Vermutung, die er zuerst nicht näher begründete, indem er ausführte, der ›Rotmantel‹ werde zu jedem Mittel greifen und auch nicht vor einem Verbrechen zurückschrecken, das Bild des Sisyphos zu gewinnen. Ich suchte ihn zu beruhigen und erinnere mich, eine gewisse Verärgerung darüber empfunden zu haben, daß jedes Gespräch mit dem Arzt die gleiche Wendung ins Ungewisse nahm, da er nie auf reale Gegenstände hinwies, sondern stets in dunklen Vermutungen und Ahnungen wie auf Schleichwegen sich erging. Der Arzt, an den ich noch mit größter Dankbarkeit zurückdenke, war im Besitze einer virtuosen Fähigkeit, das Fragwürdige jeder Erscheinung aufzudecken, und er liebte es, die Dinge nur dann zu zeigen, wenn sie sich vor dem Abgrund bewegten. So entwaffnete er mich vor allem mit dem Argument, der ›Rotmantel‹ sei vor Jahren schon einmal im Besitze des Bildes gewesen, und er habe dieses für eine riesige Summe verkauft, nachdem er es bei einem

Trödler für einige Geldstücke erworben habe, auch seien
Gründe vorhanden, die dafür zu sprechen schienen, daß
er vorher sehr arm gewesen sein müsse. Bevor ich mich in
meine Wohnung zurückzog, bemerkte der Arzt, der
mich bis zu meinem Haus begleitet hatte, mit einem
Lachen, das mir heute mehr und mehr höhnisch erscheint, ich dürfe ein Gerücht nicht übersehen, das Anspruch darauf habe, einiges Licht in die dunkle Vergan-
genheit des ›Rotmantels‹ zu werfen. Es werde behauptet,
dieser sei in seiner Jugend ein Kunstmaler von nicht
unbedeutendem Talent gewesen, und es dürfte nicht
ausgeschlossen sein, daß der Gewinn, den er mit dem
alten Bilde erzielt habe, für ihn der Grund gewesen sei,
die Kunst zu verlassen, es seien gewisse Anzeichen vorhanden, die eine solche Auffassung bestätigten.

So endete dieses Gespräch mit düsteren Vorzeichen, um
so mehr, als eine ernstere Wendung der Krankheit mich
längere Zeit auf mein Zimmer verwies. Ich schreibe es
daher meiner damaligen streng abgeschlossenen Lebens-
weise zu, daß mir der grausame Kampf so lange verborgen blieb, der sich zwischen dem ›Rotmantel‹, der damals
sein sechzigstes Lebensjahr erreicht hatte, und dem Bankier um den Besitz des Bildes abzuspielen begann. Auch
schwieg der Arzt lange, mit der Absicht, mich nicht zu
beunruhigen.

Es war ein Kampf zweier Gegner, die es lieben, im
Verborgenen zu handeln, wo jede Willkür herrscht. Es
war ein langes und vorsichtiges Ringen, phantastisch nur,
weil es um den Besitz eines Bildes ging, in welchem mit
den feinsten und verstecktesten Waffen gekämpft wurde,

wo jeder Angriff und jeder Rückzug mit einer unendlichen Überlegung ausgeführt werden mußte, und jeder Schritt das Verderben bringen konnte, ein Kampf, der sich in Kontoren abspielen mochte, die in ewigem Zwielicht lagen, in den Vorzimmern der Departemente und schlechtgeheizten Bureaux, in Räumen, in denen man nur zu flüstern wagt, dort, wo sich jene Dinge abspielen, von denen wir nur hin und wieder unsichere Kunde erhalten, wie von allen Vorgängen, die unter der Oberfläche entschieden werden und die kaum das Antlitz jener bewegen, die an ihnen am tödlichsten beteiligt sind. Auch waren sie ebenbürtige Gegner, soweit wir die äußerste Entschlossenheit in Betracht ziehen, welche die Voraussetzung für die Form dieses Kampfes bildet, doch hatte der ›Rotmantel‹ den Vorteil des ersten Zuges, der unter solchen Konstellationen oft entscheidend zu sein pflegt. Auch fiel ihm in diesem gespenstischen Duell die Rolle des Angreifers zu, der Bankier hingegen sah sich stets in die Verteidigung gedrängt, auch dadurch im Nachteil, daß die Triebfeder seines Handelns in seiner Eitelkeit lag, die ihm verbot, vom Bild zu lassen und sich so zu retten, des ›Rotmantels‹ dämonische Gier nach dem Bilde aber entsprang einer dunklen Macht, die ihre Wurzel im Bösen selber hatte und daher mit ungebrochener Kraft zu handeln fähig war. So zog sich dieser Zweikampf eines Großindustriellen mit einer Großbank, der immer weitere Truste gegeneinanderhetzte und schließlich eine Wirtschaftskatastrophe nach sich zog, viele Jahre hindurch, gleich einer schleichenden Krankheit, die zum Tode führen mußte, hin, und lange blieb der Sieg ungewiß. Langsam aber brach das riesige Kapital des Bankiers zusammen, denn der ›Rotmantel‹ ging wie jene

Schachspieler vor, welche die größten Verluste nicht scheuen, wenn sie dadurch in der Lage sind, einen winzigen Vorteil zu erreichen, und indem er sein ganzes Vermögen opferte, gelang es ihm, dasjenige des Bankiers zu vernichten und das Bild in seine Gewalt zu bringen.

Was er nun für Gründe gehabt hatte, sich an mich zu wenden, wage ich nicht zu vermuten, doch kann ich nicht sagen, daß mir seine Einladung unerwartet kam, ich nahm sie vielmehr wie etwas Unabänderliches hin.

Es war einer meiner letzten Gänge, die ich in unserer Stadt tat, kurz bevor ich sie verlassen mußte (unter Umständen, die ich später erzähle). Ich war durch lange Vorstadtstraßen gegangen, durch die Arbeiterviertel, die sich mir wie seltsam gezackte Urlandschaften darboten, mit tiefen Klüften und geometrischen Schatten, die scharf umgrenzt auf den Asphaltflächen lagen. Es war spät in der Nacht, nur noch einige Betrunkene torkelten, wilde Lieder brüllend, herum, und irgendwo gab es eine Schlägerei mit der Polizei. Dann erreichte ich sein Haus, unten am Fluß, von Ufergebüschen, Schrebergärten und in weitem ansteigendem Halbkreis von Mietshausblöcken umgeben, ein langgezogenes Gebäude, mit verschiedenen Dächern, ursprünglich aus vier zusammengebauten, ungleich hohen Häusern bestehend, deren Zwischenwände niedergerissen worden waren und deren Fenster im Mondlicht gleißten. Das Hauptportal war weit geöffnet, was mich beunruhigte, um so mehr, als ich über Haufen umgeworfener Kübelpflanzen steigen mußte, um es zu erreichen, doch fand ich im Innern vorerst noch nicht die Unordnung vor, die ich erwartet hatte. Ich schritt durch riesige Räume, nur vom Mond erhellt, der flackernd durch die Scheiben drang, ahnte an den Wänden Bilder von unermeßlichem Wert und roch den Duft seltener Blumen, doch erblickte ich überall durch die silberne Dämmerung die Zettel der Pfändungsbeamten, die an alle Gegenstände geklebt waren. Auch begriff ich, wie ich mich weitertastete – der elektrische Strom war abgestellt worden, denn mehrmals versuchte ich vergeblich, an den Schaltern Licht zu machen – das Wesen des Labyrinths, welches in seinen Eingeweiden den Augenblick des höchsten Entsetzens birgt, der durch eine allmähliche, gleichmäßige Steigerung der Angst beschworen wird und dann eintritt, wenn wir unmittelbar nach der jähen Biegung eines Ganges auf einen zottigen Minotaurus stoßen. Bald wurde jedoch das Weiterdringen schwieriger. Ich war in Teile des Gebäudes gelangt, welche nur kleine, vergitterte Fenster besaßen, die hochgelegen waren; dazu kam, daß die Teppiche hier aufgerollt und die Möbel verschoben waren. Ich wußte daher in dieser zunehmenden Unordnung bald nicht mehr, wo ich war. Es schien mir, daß ich mehrere Male in das gleiche Zimmer zurückkehrte. Ich begann mich durch Schreie bemerkbar zu machen, doch antwortete niemand, nur einmal kam es mir vor, als sei von ferne ein Lachen zu hören. Endlich fand ich den Weg, wie ich eine Wendeltreppe emporgestiegen war. Ich trat nämlich in eine Art von Estrich, auf ein großes Tenn, wie ich mich zu erinnern glaube, mit Balken kreuz und quer, die das Dach stützten, mit verschiedenen Böden, die, da sie ungleich hoch waren, mit festgemachten eisernen Leitern miteinander verbunden waren. Auch hier hatte der Hausherr alles kostbar herrichten lassen und durch

geschickte Vorrichtungen wohnlich gemacht, obgleich
der Sinn eines solchen Estrichs nicht einzusehen war.
Vom Hintergrunde nun, von einer Brandmauer her,
flackerte ein roter Schein zu mir herüber. Ich stieg mühsam verschiedene Leitern hinauf und andere wieder hinunter. Fenster waren nirgends zu sehen, so daß außer
dem Kaminfeuer kein Licht war; doch verhielt sich dieses
unregelmäßig, bald flackerte es so stark auf, daß alle
Gegenstände des Estrichs klar hervortraten, die Pfosten,
Balken, Möbel, und wilde Schattenfiguren über die
Wände und über das Dach tanzten, welches man von
innen sah, bald erlosch es beinahe, so daß ich mich in
tiefem Dunkel auf den Böden oder auf den Leitern
irgendwo in dem unübersichtlichen Raume befand. Ich
näherte mich dem Feuerschein immer mehr. Wie ich
einen wirren Haufen umgestürzter Büchergestelle mit
dicken Folianten überklettert hatte, erreichte ich den
Kamin. An ihm saß ein alter, zusammengefallener Mann
mit zerrissenen, schmutzigen Kleidern, die ihm viel zu
weit waren, unrasiert, ein Clochard, wie es schien, den
kahlen Schädel vom Lichte der Flamme beschienen, eine
grauenerweckende Erscheinung, in welcher ich nur allmählich den ›Rotmantel‹ erkannte. Auf seinen Knien
hielt er das Bild des Niederländers, auf welches er bewegungslos starrte und an dessen Rahmen ebenfalls ein
Zettel klebte. Ich grüßte, und erst nach langem schaute er
auf. Zuerst schien er mich nicht zu erkennen, auch wußte
ich nicht, ob er betrunken war, denn am Boden lagen
einige leere Flaschen herum. Endlich begann er zu reden,
mit krächzender Stimme, doch ist mir entfallen, wovon
er zuerst sprach. Es mögen höhnische Worte gewesen
sein, die er stammelte, welche seinen Untergang verkün-

deten, den Verlust seiner Güter, seiner Fabriken und seines Trusts, oder die Notwendigkeit, sein Haus und unsere Stadt zu verlassen. Doch was nun folgte, habe ich erst begriffen, als ich die Kinder in der Stube ihr Kartenhaus bauen und ebenso mühsam wieder zerstören sah. Er klopfte mit seiner mageren, alten Hand ungeduldig auf seinen rechten Schenkel. »Da sitze ich im schmutzigen Kleide meiner Jugend«, schrie er mit einem Male wütend, »im Kleide meiner Armut. Ich hasse dieses Kleid und diese Armut, ich hasse den Dreck, ich habe ihn verlassen, und nun bin ich wieder in diesen klebrigen Morast zurückgesunken«, und schleuderte eine Flasche gegen mich, die, weil ich auf die Seite trat, irgendwo hinter mir in der Tiefe zerschellte. Er wurde ruhiger und sah mich mit seltsamen, stechenden Augen an. »Kann man aus Nichts Etwas machen?« fragte er lauernd, worauf ich mißtrauisch den Kopf schüttelte. Er nickte traurig. »Du hast recht, Kerl«, sagte er, »du hast recht«, und riß das Bild aus dem Rahmen und warf es ins Feuer. »Was tun Sie«, rief ich entsetzt und sprang hinzu, um das Bild aus dem Feuer zu zerren, »Sie verbrennen den Bosch.« Er warf mich jedoch mit einer solchen Kraft zurück, die ich dem Alten nicht zugetraut hätte. »Das Bild ist nicht echt«, lachte er. »Das solltest du wissen, der Arzt weiß es schon lange, der weiß immer alles schon lange.« Der Kamin flammte gefährlich auf und übergoß uns mit seinem flackernden, tiefroten Schein. »Sie haben es selber gefälscht«, sagte ich leise, »und deshalb wollten Sie es wieder haben.« Er sah mich drohend an. »Um aus Nichts Etwas zu machen«, sagte er. »Mit dem Geld, welches ich mit diesem Bilde gewann, habe ich mein Vermögen gemacht, es war ein schönes Vermögen, ein stolzes Vermögen, und wenn dieses Bild wieder in meinen Besitz gekommen wäre, hätte ich aus Nichts Etwas geschaffen. Oh, eine genaue Rechnung in dieser jämmerlichen Welt.« Dann starrte er wieder ins Feuer, saß da in seinem zerschlissenen, schmutzigen Kleid, arm wie einst, sinnlos, ein grauer Bettler, unbeweglich, erloschen. »Aus Nichts Etwas«, flüsterte er, immer wieder, leise, kaum daß sich seine fahlen Lippen bewegten, unaufhörlich, wie das Ticken einer gespenstischen Uhr: »Aus Nichts Etwas. Aus Nichts Etwas.« Ich wandte mich traurig von ihm, tastete meinen Weg durch das gepfändete Haus zurück und achtete nicht darauf, wie ich auf die Straße kam, daß plötzlich von allen Seiten Menschen auf das Haus, welches ich verlassen hatte, zu eilten, mit weitaufgerissenen Augen, in denen das Entsetzen stand, in die ich erst dann zu starren glaubte, als sich der Frost der Scheibe zusammenzog, durch welche ich, Jahre später, nach den Kindern geschaut hatte, nach ihren Karten und ihren Händen auf dem runden Tisch, so daß nur noch der Fensterrahmen vor mir in der Dämmerung schwebte, der unbeweglich eine leere Fläche umschloß.

Der Theaterdirektor

1945

Der Mensch, dem die Stadt erliegen sollte, lebte schon unter uns, als wir ihn noch nicht beachteten. Wir bemerkten ihn erst, als er durch ein Betragen aufzufallen begann, das uns lächerlich schien, wie denn in jenen Zeiten über ihn viel gespottet worden ist: Doch hielt er die Leitung des Theaters schon inne, als wir auf ihn aufmerksam wurden. Wir lachten nicht über ihn, wie wir es bei Menschen zu tun pflegen, die uns durch Einfalt oder Witz ergötzen, sondern wie wir uns bisweilen über unanständige Dinge belustigen. Doch ist es schwierig anzuführen, was in den ersten Zeiten seines Auftretens zum Lachen reizte, um so mehr, als ihm später nicht nur mit knechtischer Hochachtung begegnet wurde – dies ist uns noch als ein Zeichen der Furcht verständlich gewesen –, sondern auch mit ehrlicher Bewunderung. Vor allem war seine Gestalt sonderbar. Er war von kleinem Wuchs. Sein Leib schien ohne Knochen, so daß von ihm etwas Schleimiges ausging. Er war ohne Haare, auch jene der Brauen fehlten. Er bewegte sich wie ein Seiltänzer, der das Gleichgewicht zu verlieren fürchtet, mit geräuschlosen Schritten, deren Schnelligkeit regellos wechselte. Seine Stimme war leise und stockend. Wenn er mit einem Menschen in Berührung trat, richtete er seinen Blick stets auf tote Gegenstände. Doch ist es ungewiß, wann wir die Möglichkeit des Bösen in ihm zum ersten Male ahnten. Vielleicht geschah dies, als sich gewisse Veränderungen auf der Bühne bemerkbar machten, die ihm zuzuschreiben waren. Vielleicht, doch ist es zu bedenken, daß Veränderungen im Ästhetischen im allgemeinen noch nicht mit dem Bösen in Verbindung gebracht werden, wenn sie zum ersten Male unsere Aufmerksamkeit erregen: Wir dachten damals eigentlich mehr an eine Geschmacklosigkeit, oder machten uns über seine vermutliche Dummheit lustig. Gewiß hatten diese ersten Aufführungen im Schauspielhaus unter seiner Regie noch nicht die Bedeutung jener, die in der Folge berühmt werden sollten, doch waren Ansätze vorhanden, die seinen Plan andeuteten. So war etwa ein Hang zum Maskenhaften eigentümlich, der schon in dieser frühen Zeit seine Bühne auszeichnete, auch war jenes Abstrakte des Aufbaus vorhanden, das später so hervorgehoben worden ist. Diese Merkmale drängten sich nicht auf, doch mehrten sich die Anzeichen, daß er eine bestimmte Absicht verfolgte, die wir spürten, aber nicht abschätzen konnten. Er mochte einer Spinne gleichen, die sich anschickte, ein riesenhaftes Netz zu bereiten, wobei er aber scheinbar planlos verfuhr, und vielleicht war es gerade wieder diese Planlosigkeit, die uns verführte, über ihn zu lachen. Natürlich konnte es mir mit der Zeit nicht verborgen bleiben, daß er unmerklich in den Vordergrund strebte, nach seiner Wahl ins Parlament fiel dies jedem auf. Indem er das Theater mißbrauchte, setzte er an, die Menge an einem Ort zu verführen, wo niemand eine Gefahr vermutete. Doch wurde mir die Gefahr erst bewußt, als die Veränderungen auf der Bühne einen Grad erreicht hatten, der die geheime Absicht seines Handelns bloßlegte: Wie in einem Schachspiel erkannten wir den Zug, der uns vernichtete, erst, als er gespielt war, zu spät. Wir haben uns dann oft gefragt, was die Masse bewog, in sein Theater zu gehen. Wir mußten gestehen, daß diese Frage kaum zu beantworten war. Wir dachten an einen bösen Trieb, der die Menschen zwingt, ihre Mörder aufzusuchen, um sich ihnen auszuliefern, denn jene Veränderungen enthüllten, daß er die Freiheit zu untergraben bestrebt war, indem er deren Unmöglichkeit nachwies, so daß seine Kunst eine verwegene Attacke auf den Sinn der Menschheit war. Diese Absicht führte ihn dazu, jedes Zufällige auszuschalten und alles auf das peinlichste zu begründen, so daß die Vorgänge der Bühne unter einem ungeheuerlichen Zwange standen. Auch war bemerkenswert, wie er mit der Sprache verfuhr, in welcher er die Elemente unterdrückte, in denen sich die einzelnen Dichter unterscheiden, so daß der natürliche Rhythmus verfälscht wurde, um den gleichmäßigen, entnervenden Takt stampfender Kolben zu erreichen. Die Schauspieler bewegten sich wie Marionetten, ohne daß die Macht im Hintergrund geblieben wäre, die ihr Handeln bestimmte, sondern sie vor allem war es, die sich als eine sinnlose Gewalt offenbarte, so daß wir in einen Maschinensaal zu blicken glaubten, wo eine Substanz erzeugt wurde, welche die Welt vernichten mußte. Hier soll auch erwähnt werden, wie er Licht und Schatten benutzte, die ihm nicht dienten, auf unendliche Räume hinzuweisen und so eine Verbindung mit der Welt des Glaubens herzustellen, sondern dazu, die Endlichkeit der Bühne aufzudecken, da merkwürdige kubische Blöcke das Licht begrenzten und hemmten, wie er denn ein Meister der abstrakten Form gewesen ist; auch wurde durch geheime Vorrichtungen jeder Halbschatten vermieden, so daß sich das Geschehen in engen Kerkerräumen abzuspielen schien.

Er verwandte nur Rot und Gelb in einem Feuer, welches
das Auge verletzte. Am teuflischsten aber war, daß unmerklich jeder Vorgang einen anderen Sinn erhielt und
sich die Gattungen in einander zu vermischen begannen,
indem eine Tragödie in eine Komödie verwandelt wurde,
während sich ein Lustspiel zu einer Tragödie verfälschte.
Auch hörten wir damals oft von Aufständen jener
Unglücklichen, die gierig waren, ihr Los mit Gewalt
zu verbessern, doch waren es immer noch wenige, die
dem Gerücht Glauben schenkten, daß die treibende Kraft
dieser Vorfälle bei ihm zu suchen wäre. In Wahrheit
war es jedoch so, daß ihm von Anfang an das Theater nur
als Mittel diente, jene Macht zu erlangen, die sich später
als rohe Herrschaft der schrecklichen Gewalt enthüllen
sollte. Was uns in jener Zeit hinderte, diesen Vorgängen
näher auf die Spur zu kommen, war der Umstand, daß
sich die Sache der Schauspielerin für den Einsichtigen
immer drohender zu gestalten begann. Ihr Schicksal war
mit demjenigen der Stadt sonderbar verknüpft, und er
versuchte sie zu vernichten. Als jedoch seine Absicht ihr
gegenüber deutlich wurde, war seine Stellung in unserer
Stadt so gefestigt, daß sich das grausame Geschick dieser
Frau vollziehen konnte, ein Geschick, das allen verhäng-
nisvoll werden sollte, und das auch jene abzuwenden
nicht Macht besaßen, die das Wesen seiner Verführung
durchschaut hatten. Sie unterlag ihm, weil sie die Macht
verachtete, die er verkörperte. Es kann nicht gesagt werden, daß sie berühmt gewesen wäre, bevor er die Thea-
terleitung übernahm, doch hielt sie im Theater eine Stellung inne, die zwar gering, aber doch unangefochten
war, auch hatte sie es der allgemeinen Achtung zu ver-
danken, daß sie ihre Kunst ohne jene Zugeständnisse

ausüben konnte, die andere, die mehr bezweckten und deren Stellung bedeutender war, der Öffentlichkeit darbringen mußten: Wie es denn auch bezeichnend ist, daß er sie durch diesen Umstand zu vernichten wußte, denn er verstand es, den Menschen zu Fall zu bringen, indem er seine Tugenden ausnützte.

Die Schauspielerin hatte sich seinen Anordnungen nicht unterworfen. Sie schenkte den Veränderungen keine Beachtung, die sich auf dem Theater vollzogen, so daß sie sich immer deutlicher von den andern unterschied. Aber es war gerade diese Beobachtung, die mich mit Sorge erfüllte, denn es war auffällig, daß er keinen Schritt unternahm, sie zu zwingen, sich seinen Anordnungen zu unterziehen. Daß sie sich abhob, war sein Plan. Zwar soll er einmal eine Bemerkung über ihr Spiel gemacht haben, nachdem er kurz zuvor das Theater übernommen hatte; ich habe aber über diese Auseinandersetzung nie Sicheres erfahren können. Doch ließ er sie seitdem in Ruhe und unternahm nichts, sie aus dem Theater zu entfernen. Er stellte sie vielmehr immer deutlicher in den Vordergrund, so daß sie mit der Zeit die erste Stellung im Schauspielhaus einnahm, obschon sie dieser Aufgabe nicht gewachsen war. So war es dieses Verfahren, das uns mißtrauisch machte, denn es war doch so, daß ihre Kunst und seine Auffassung in dem Maße entgegengesetzt waren, daß eine Auseinandersetzung unvermeidlich schien, die um so gefährlicher sein mußte, je später sie erfolgte. Auch waren Anzeichen vorhanden, daß sich ihre Stellung entscheidend zu ändern begann. Wurde zuerst ihr Spiel von der Menge begeistert und mit einer Einmütigkeit gelobt, die gedankenlos gewesen war (sie galt als seine große Entdeckung), so begannen sich nun Stimmen zu regen, die darauf ausgingen, sie zu tadeln und ihr vorzuwerfen, sie sei seiner Regie nicht gewachsen und ferner, es zeuge von seiner seltenen Geduld (und Menschlichkeit), daß er sie noch immer in ihrer führenden Stellung belasse. Doch da besonders ihr Verharren in den Gesetzen der klassischen Schauspielkunst angegriffen wurde, nahmen sie wieder gerade jene in Schutz, welche die wahren Mängel ihrer Kunst erkannt hatten, ein unglücklicher Kampf, der sie leider bestärkte, nicht freiwillig vom Theater zu gehen – sie hätte sich vielleicht so noch retten können, wenn ihm auch unsere Stadt kaum mehr zu entgehen vermocht hätte. Doch trat erst dann die entscheidende Wendung ein, als sich die Tatsache abzuzeichnen begann, daß ihre Kunst bei der Menge eine sonderbare Wirkung auslöste, die für sie peinlich sein mußte und die darin bestand, daß man über sie im geheimen und dann auch während der Vorstellung zu lachen anfing; eine Wirkung, die er natürlich genau berechnet hatte und immer mehr auszubauen versuchte. Wir waren bestürzt und hilflos. Mit der grausamen Waffe des Unfreiwillig-Komischen hatten wir nicht gerechnet. Wenn sie auch weiterspielte, so war es doch gewiß, daß sie es bemerkte, wie ich denn auch vermute, daß sie eher als wir vom Unvermeidlichen ihres Untergangs wußte. Um diese Zeit wurde ein Werk vollendet, worüber in unserer Stadt schon lange gesprochen worden war, und das wir mit großer Spannung erwartet hatten. Es ist zwar so, daß sich mit diesem Bau schon viele auseinandergesetzt haben, doch muß ich hier erwähnen, bevor ich zu ihm Stellung nehme, daß es mir noch heute unverständlich wäre, wie er sich die Mittel zu diesem neuen Theater hatte verschaffen können, wenn sich nicht ein Verdacht gezeigt hätte, den ich nicht von der Hand zu weisen vermag. Wir haben aber damals dem Gerücht noch nicht Glauben schenken können, welches diesen Bau mit jenen gewissenlosen Kreisen unserer Stadt in Verbindung brachte, die seit jeher nur auf eine schrankenlose Vermehrung ihrer Reichtümer ausgingen und gegen die sich die Aufstände jener richteten, die er ebenfalls beeinflußte. Wie es nun auch sei, dieser Bau, der heute zerstört sein soll, kam einer Gotteslästerung gleich. Es hält jedoch schwer, über diesen Bau zu reden, der sich äußerlich als eine ungeheuerliche Mischung aller Stile und Formen darbot, ohne daß man ihm etwas Großartiges hätte absprechen können. Es war ein Gebäude, welches nicht das Lebendige offenbarte, das in der starren Materie zum Ausdruck zu kommen vermag, wenn die Kunst sie verwandelt, sondern das bewußt darauf ausging, das Tote hervorzuheben, das ohne Zeit und nur unbewegliche Schwere ist. All dies aber bot sich uns ohne Mäßigung nackt und schamlos dar, ohne jede Schönheit, mit Eisentüren, die oft über allem Maß riesenhaft, bald aber auch geduckt wie Gefängnistore waren. Der Bau schien durch ungefüge Zyklopenhände aufeinandergetürmt worden zu sein, in sinnlosen Marmorblöcken, an die sich schwere Säulen ohne Zweck lehnten, doch war dies nur scheinbar, denn alles an diesem Bau war auf bestimmte Wirkungen hin berechnet, die darauf ausgingen, den Menschen zu vergewaltigen und in den Bann einer reinen Willkür zu ziehen. So standen etwa im Gegensatz zu diesen rohen Massen und brutalen Proportionen einzelne Gegenstände, die handwerklich mit einer Exaktheit ausgearbeitet worden waren, daß sie, wie gerühmt wurde, bis auf einen Zehntausendstel-Millimeter stimmten. Erschreckender noch war das Innere mit dem Theatersaal. Er lehnte sich

an das griechische Theater an, seine Form wurde jedoch
sinnlos, weil sich über ihn eine seltsam geschwungene
Decke spannte, so daß wir nicht zu einem Spiel zu
schreiten schienen, als wir diesen Saal betraten, sondern
wie zu einem Fest im Bauch der Erde. So kam es zur
Katastrophe. Wir erwarteten damals das Spiel mit einer
lautlosen Spannung. Wir saßen bleich aneinanderge-
drängt in immer weiteren Kreisen und starrten nach dem
Vorhange, der die Bühne deckte, auf dem eine Kreuzigung als eine höhnische Farce dargestellt war: Auch dies
nahm man nicht als Frevel, sondern als Kunst hin. Dann
begann das Spiel. Es wurde später davon gesprochen,
zuchtlose Mächte der Straße hätten diese Revolution
gemacht, damals aber saßen jene unserer Stadt im Saale,
die sich ihres Glanzes und ihrer Bildung am meisten
gerühmt hatten und im Theaterdirektor den großen
Künstler und Revolutionär der Bühne feierten, in seinem
Zynismus Geist sahen und ahnungslos waren, wie bald
der Bursche sich anschickte, aus dem Ästhetischen heraus, das sie an ihm bewunderten, in Bezirke zu brechen,
die nicht mehr ästhetisch waren; wie ihm ja auch zur
Eröffnung des neuen Hauses, bevor noch das Spiel begann, unter donnernden Hochrufen der festlichen Gesellschaft vom Staatspräsidenten der Shakespeare-Preis
übergeben wurde. Welches Werk der Klassiker zur Ein-
weihung gespielt wurde, ob es sich um Faust oder den
Hamlet handelte, entsinne ich mich nicht mehr, doch war
die Regie derart, wie der Vorhang mit der Kreuzigung
sich nun hob, daß diese Frage gleichgültig wurde, bevor
es möglich war, sie zu stellen: Mit einem Klassiker oder
mit dem Werk eines anderen Dichters hatte dies nichts
mehr zu tun, was sich jetzt vor unseren Augen ereignete,

oft unterbrochen vom begeisterten Beifall der Regierung, der Gesellschaft und der Elite der Universität. Eine fürchterliche Gewalt verfuhr mit den Schauspielern wie ein Wirbelwind, der Häuser und Bäume übereinanderwirft, um sie dann liegen zu lassen. Die Stimmen klangen nicht menschlich, sondern so, wie vielleicht Schatten reden würden, dann aber auch plötzlich und ohne Übergang in einem Tonfall, der dem irren Trommeln wilder Stämme glich. Wir saßen nicht als Menschen, sondern als Götter in seinem Theater. Wir ergötzten uns an einer Tragödie, die in Wirklichkeit unsere eigene war. Dann aber erschien sie, und ich sah sie nie so unbeholfen, wie in jenen Augenblicken, die ihrem Tod vorausgingen, doch auch nie so rein. Brach die Menge zuerst in ein Gelächter aus, als sie die Bühne betrat – so genau berechnet war ihr Auftritt, daß er wie eine obszöne Pointe wirken mußte –, so verwandelte sich dieses Gelächter bald in Wut. Sie erschien als Frevlerin, die sich anmaßte, einer Gewalt entgegenzutreten, die zwar alles zermalmt, aber auch jede Sünde entschuldigt und jede Verantwortung aufhebt, und ich begriff, daß dies der eigentliche Grund war, durch den die Menge verführt wurde, auf die Freiheit zu verzichten und sich dem Bösen zu ergeben, denn Schuld und Sühne gibt es nur in der Freiheit. Sie begann zu sprechen und ihre Stimme war ihnen eine Lästerung jener grausamen Gesetze, an die der Mensch dann glaubt, wenn er sich zum Gott erheben will, indem er Gut und Böse aufhebt. Ich erkannte seine Absicht und wußte nun, daß er darauf ausgegangen war, ihren Untergang vor aller Augen mit der Zustimmung aller zu vollziehen. Sein Plan war vollkommen. Er hatte einen Abgrund geöffnet, in den sich die Menge stürzte, gierig

nach Blut, um immer wieder neuen Mord zu verlangen,
weil nur so der besinnungslose Taumel zu finden war,
der allein befähigt, nicht in unendlicher Verzweiflung zu
erstarren. Sie stand mitten unter den Menschen, die sich
in Bestien verwandelten, als eine Verbrecherin. Ich sah,
daß es schreckliche Momente gibt, in denen sich eine
tödliche Umwälzung vollzieht, wo der Unschuldige den
Menschen schuldig erscheinen muß. So war unsere Stadt
bereit, jener Tat beizuwohnen, die einem wilden
Triumph des Bösen gleichkam. Es senkte sich nämlich
von der Decke der Bühne eine Vorrichtung herab. Es
mochten leichte Metallstäbe sein und Drähte, an denen
Klammern und Messer angebracht waren, sowie Stahl-
stangen mit seltsamen Gelenken, die auf eine eigentümli-
che Art miteinander verbunden waren, so daß die Vorrichtung einem ungeheuren und überirdischen Insekt zu
gleichen schien, und zwar bemerkten wir sie erst, als sie
das Weib erfaßt und in die Höhe gehoben hatte. Kaum
war dies geschehen, brach die Menge in ein unermeßli-
ches Beifallklatschen und Bravorufen aus. Als sich nun
immer neue Klammern auf die Schauspielerin senkten
und sie quer hielten, wälzten sich die Zuschauer vor
Lachen. Als die Messer ihre Kleider aufzuschneiden
begannen, so daß sie nackt hing, erhob sich aus den
ineinandergekeilten Massen ein Rufen, das irgendwo entstanden sein mußte, das sich mit der Geschwindigkeit des
Gedankens immer weiter fortpflanzte und sich ins
Unendliche hob, immer wieder aufgehoben und weiter-
gegeben, bis alles ein Schrei: Töte sie! war und unter dem
Toben der Menge ihr Leib durch die Messer zerteilt
wurde, derart, daß ihr Kopf mitten unter die Zuschauer
fiel, die sich erhoben hatten, ihn faßten, von seinem Blut

besudelt, worauf er wie ein Ball von einem zum andern flog. Und wie sich die Menschen aus dem Theater wälzten, sich stauend, einander niederstampfend, den Kopf vor sich hertreibend, durch die gewundenen Gassen in langen sich schwingenden Ketten, verließ ich die Stadt, in der schon die grellen Fahnen der Revolution flammten und sich die Menschen wie Tiere anfielen, umstellt von *seinem* Gesindel, und wie der neue Tag heraufdämmerte, niedergezwängt von *seiner* Ordnung.

Die Falle

1946

Es war auf der Straße, als ich mitten in der Menge seinen Blick zum ersten Mal spürte. Ich blieb stehen; wie ich mich jedoch umwandte, bemerkte ich niemand, der mich beobachtete. Es zogen nur die Menschen an mir vorüber, die an den Spätnachmittagen die Straßen der Städte füllen: Geschäftsleute, sich in die Gasthöfe verlierend, Verliebte vor Schaufenstern, Frauen mit Kindern, Studenten, Dirnen bei ihrem ersten, noch zögernden Gang vor dem Einbrechen des Abends, und Schüler, die sich in Rudeln aus ihren Schulen ergossen; doch verließ mich von da an die Gewißheit nicht mehr, von ihm beschattet zu sein. Oft fuhr ich zusammen, wenn ich aus dem Hause trat, denn ich wußte, daß er nun den Kellereingang verließ, in welchem er sich barg, oder die Laterne, an die er sich lehnte, daß er die Zeitung faltete, die er scheinbar gelesen, entschlossen, die Verfolgung wieder aufzunehmen, mich manchmal umkreisend, um dann, wenn ich unvermutet stehen blieb, ein neues Versteck aufzusuchen. Auch bin ich oft an derselben Stelle Stunde um Stunde bewegungslos verharrt, oder ich bin den Weg zurückgegangen, um ihn zu treffen. Dann begann ich, wenn auch Wochen später, an die unbestimmte Furcht gewöhnt, die er mir einflößte, Fallen zu stellen; das Wild wurde nun selbst zum Jäger. Doch war er geschickter als ich und entkam immer wieder meiner List, bis mir in einer Nacht der Zufall die Möglichkeit gab, ihn zu stellen. Ich war die

Altstadt hinuntergeeilt. Nur wenige Lichter brannten. Die Sterne leuchteten in einem schrecklichen Feuer, obgleich der Morgen nicht fern war. Ich war aus den Lauben getreten und hatte eine Straßenkreuzung überquert, als ich im Gehen innehielt, durch den Nebel verwirrt, der unmittelbar vor mir aufragte, eine unbestimmte, dichte Wand aus Glas, in der die Sterne flakkernd versanken. In diesem Augenblick des Verweilens hörte ich zum ersten Mal seine Schritte hinter mir. Sie waren wie die meinen und mit einer solchen Kunst angeglichen, daß ich sie vom Widerhall der meinen nicht mehr hätte unterscheiden können. Sie waren so nah, daß ich im Geiste seine Gestalt aus dem Laubenbogen auf die hellere Straße treten sah. Da schrak der Fremde zurück. Er erblickte meine Silhouette, die sich vom Nebel abhob. Er stand mir unschlüssig im Laubenbogen gegenüber, doch war er im Schatten nicht sichtbar. Als ich mich langsam gegen ihn bewegte, wandte er sich jäh, worauf ich schnell auf den Bogen zuschritt. Ich hoffte, den Unbekannten zu erblicken, wenn er aus dem Dunkel in das Licht der Laterne treten würde, die weiter oben brannte. Er wich aber in eine kleine Gasse zurück, die an einer Türe endete, so daß er sich durch seine Flucht in meine Macht begab. Ich hörte ihn an die Türe prallen und an der Falle rütteln, während ich vor der Mündung des Gäßchens stehen blieb. Er atmete schwer und schnell. »Wer sind Sie?« fragte ich. Er gab keine Antwort.

»Warum verfolgen Sie mich?« fragte ich wieder. Er schwieg. Wir standen da und der Morgen kam bei sinkendem Nebel draußen schon herauf. Langsam erkannte ich in der Finsternis der Gasse eine dunkle Gestalt, beide Arme wie gekreuzt an der Türe. Es war mir jedoch unmöglich, die Gasse zu betreten. Zwischen mir und dem Menschen, der sich im Anblick des ungewissen Morgens mit dem Rücken gegen die Türe preßte, gab es einen Abgrund, den zu überbrücken ich nicht wagte, weil wir uns nicht als Brüder hätten treffen können, sondern so wie der Mörder sein Opfer trifft. Da ließ ich von ihm und ging, ohne mich weiter um ihn zu kümmern.

Wenn ich nun die entscheidende Begebenheit seines Lebens wiederzugeben versuche, kann ich mich nur auf ihn berufen, doch habe ich mich damals bemüht, vieles aus der Betonung der Worte und den Bewegungen seiner Hände zu lesen, was er in jener Sommernacht verschwieg, in der sich mir sein Geschick enthüllte. Er trat unter den dichten Bäumen an meinen Tisch, wo die Lichter der Stadt und der großen Brücke durch die Stämme brachen, und wie ich sein Gesicht sah, wußte ich, daß ich in die Augen des Mannes starrte, der mich verfolgte.

»Ich bin Ihnen Rechenschaft schuldig, mein Herr«, begann er, indem er sich setzte, »um so mehr, als ich nicht antwortete, wie Sie mich ansprachen.«

Er bestellte einen Pernod und leerte ihn in einem Zug: »Ich habe Sie verfolgt«, fuhr er fort, »und mehr als dies: ich habe mich mit jeder Stunde Ihres Lebens befaßt, ich habe Ihre Spuren studiert.«

»Meine Spuren?« antwortete ich verwirrt.

»Jedermann läßt Spuren zurück. Wir sind Wild, das gejagt und einmal erlegt wird. Ich studierte nicht nur Sie, nicht nur die Art, wie Sie wohnen, was Sie essen, was Sie lesen, wie Sie Ihren Beruf ausüben, ich beobachtete auch Ihre Freunde.«

»Was wollen Sie?« fragte ich.

»Ich will Ihnen mein Leben erzählen«, antwortete er.

»Dazu haben Sie mich verfolgt?«

»Natürlich«, lachte er. »Ich muß zu dem Vertrauen haben, dem ich mein Leben erzähle. Ich muß ihn kennen, wie mich selbst. Kommen Sie!« Wir standen auf und er sprach weiter. Seine Art zu reden klang seltsam. Er sprach, als hätte er sich fortgeworfen, gleichgültig, manchmal unter Gelächter, doch erschütterte er durch die Größe seiner Verzweiflung. Wir waren nur kurze Zeit beisammen, und dennoch sank er in mich hinein, so daß er noch heute meine Träume stört. Ich sehe dann sein Gesicht, das sich seltsam veränderte, wie wir durch die Gassen unserer Stadt gingen, denn es schien auseinanderzubrechen und es war, als würde es sich von innen öffnen. Er erzählte mir nicht, wer ihn geboren und wer sein Vater gewesen ist, auch verschwieg er den Beruf, den er ausübte, wie ich auch nie seinen Namen erfahren habe, doch muß er ein hoher Beamter gewesen sein. Er zeigte mir, wie er verführt wurde, und dies nicht durch Gold oder ein Weib, sondern allein durch sich selbst. Ihn besiegte der Tod, der zu ihm gehörte, wie ein Arm zum Leib, oder ein Auge zum Gesicht gehört, den er aber zu besitzen glaubte, wie wir eine Karte besitzen, die wir als entscheidende Größe ins Spiel werfen. Doch war diese Karte gefälscht, denn in Wahrheit trieb ihn die Todesfurcht, die er so tief in sich vergrub, daß er zu lieben meinte, was er fürchtete, und er verzweifelte, weil er sie nicht überwinden konnte. Ich habe seine Stirne gesehen und seine Hände, und ich weiß, daß er nie Freude genossen hat um seines Todes willen. Von Jugend an war er entschlossen, Selbstmord zu begehen. Er studierte den

Tod, kaufte sich Waffen, stellte die seltensten Gifte her, konstruierte sich eine Guillotine. Er spielte mit dem Tod, bis er sich selbst verspielte und sein Leben zur Lüge wurde, durch den Mord aber hoffte er sich zu befreien und der Furcht zu entgehen, die ihn auch bestimmt hatte, sein Amt eines Morgens zu verlassen, sich aufzumachen und die Stätte seines Todes zu suchen.

Er verließ damals mit der Absicht, sich zu töten, so spät am Nachmittag den warmen Wagen, der ihn mit vereisten Fenstern umgeben hatte, daß er kaum einen Blick auf die niedrigen Hügel werfen konnte, denn die Nacht kam früh und schnell. In der Nähe der kleinen Station waren in der Dämmerung einige Häuser wie Tiere, die schlafen, und auf der Straße lag der Schnee und gelbes Licht einer Laterne, so daß er wie im Traume ging. Es war nun die Zeit angebrochen, die er im kleinen Grenzdorf zwischen den Hügeln und am Fluß verbrachte, in weißen Wintertagen verloren, die ihn mit ungeheurem Schweigen umspannten und in denen sein Leben versank. Er ging die Hügel hinauf und über die langgewellten Bergkämme den Hochebenen entlang, die sich vor dem fernen Gebirge mit verschneiten Tannenwäldern und verlassenen Dörfern lagerten. Er schritt stundenlang in geheimnisvollem Dunkel, und der Wind umkreiste ihn pfeilschnell in den Nächten. Sein Fuß schritt über den gläsernen Schnee, auf dem sein Schatten blau und groß lag. Die Bäume standen schwarz vor dem weißen Himmel, und hin und wieder schritt ihm ein Mensch entgegen, eng in den zottigen Pelz gehüllt und im roten Gesicht die Augen verkniffen. Auch stand er manchmal auf der Brücke am Fluß, der sich trüb unter ihm wälzte,

Eis herantreibend und faules Holz. Dann stieg er die winterliche Straße hinauf, die gegen Norden führte, wo ihn schwarze Vögel umflatterten, die ihn mit ihren Schwingen streiften. Im Dorf aber war er seltener und schaute den Menschen zu. Er stand frierend zwischen den Häusern, die weit voneinander entfernt der Straße entlang lagen, ein Dorf ohne Kirche und Friedhof, ohne Mitte und ohne Form. Er sah in den dreckigen Spelunken Menschen geduckt und mißtrauisch sitzen. Das Dorf war voll von Fremden, von denen niemand wußte, woher sie kamen und wohin sie gingen, was sie vorhatten und in welchen seltsamen Sprachen sie miteinander redeten. Sie standen in breiten karierten Mänteln breitbeinig mit gro- ßen Gesten mitten auf der Straße und hatten goldene Ringe mit blitzenden Diamanten an den Fingern. Oft versuchten sie die Grenze zu umgehen, indem sie die Wächter bestachen, die auf ihren Posten hockten oder tief im Dunkel der Kantinen tranken, Männer, die im Dorf nur zu sehen waren, wenn sie betrunken über die Straße zu den Frauen wankten, die in kleinen Kammern unter den Dächern lagen, lüstern und weiß, vom Mond beleckt, der über ihre Leiber strich. Dann brachen die Nächte herein, die voll Blut waren. Sie hallten von kurzen, trockenen Gewehrschüssen wider und er hörte Schreie, die langsam in den Wäldern erstickten, doch erlebte er dies alles nur wie von ferne und ohne Anteil- nahme. Er dachte an seinen Tod, ihn immer tiefer genie- ßend, und ließ sich treiben. Er betrat den Wald, durch den die Grenze lief. Die Tannen hatten gerade Stämme und unter dem Schnee verbarg sich weißes Moos. Durch die Stämme schimmerte ein Fels, den er bestieg. Zu seinen Füßen breitete sich eine Lichtung aus, eingehüllt in die Verlorenheit des Winterwalds. Manchmal schritten Rehe leicht und aufmerksam über die Fläche oder ein Raubvogel schwebte nach den hohen Tannen und schnell glitt der Schatten über den Schnee, während der Wind den Schrei eines Tieres aus dem Walde herüberwehte. Einmal jedoch, kurz vor der Dämmerung, brach ein Mann aus dem Holz und eilte über die Lichtung, die ihn mit weißer Helle umgab. Ein Schuß durchschnitt die Stille. Der Mann breitete die Hände aus und fiel in den Schnee, wie von einem Wirbel ergriffen. Er lag dann als eine dunkle, unförmige Masse in der Mitte des Feldes, die Hände im Schnee verwühlt, und aus ihm quoll es hervor, schwarz zuerst, indem es sich auf der reinen Fläche verbreitete, zuletzt aber von einem leuchtenden Rot, und er wußte nun, daß dort, wo der Unglückliche lag, mitten durch dessen Leib die Grenze verlief, durch den blutigen Kreis sichtbar geworden, der den Toten umgab.

In der folgenden Nacht glaubte er dann, der Stunde seines Todes nahe zu sein. Er brach auf, doch war es Tag, als er zur Lichtung vorgedrungen war. An den Zweigen hing Eis, und wie er sich durch die letzten Büsche zwängte, sah er den Toten von weitem liegen. Der Schnee umfing seine Füße, wie er das Feld betrat. Hinter den Tannen war unsichtbar für ihn die Sonne aufgegangen, denn der Himmel glänzte in gleißendem Licht. Die Kälte durchdrang den Mantel und seine Kleider, und die Haut schmerzte. Er ging an den Toten heran und blieb stehen. Der Mann lag mit dem Gesicht nach unten im Schnee. Das Blut war nicht mehr zu sehen, auch hatte sich über die unbewegliche Gestalt eine feine, gläserne Schicht gezogen. Er stand mit gesenktem Antlitz vor dem

Toten und erwartete aus den dunklen Stämmen die Kugel. Er stand den ganzen Tag vor dem Leichnam. Nässe durchdrang ihn. Für Augenblicke zeigte sich die Sonne groß und rot über der Lichtung, doch sank sie wieder hinter die Tannen, brach dann aufs neue hervor, aufs neue versinkend, immer wieder. Stundenlang stand er im wechselnden Licht, unbeweglich, den Tod gierig erwartend, ein Freund, der nach einem Freund Ausschau hält. Dann war es ihm, als näherten sich Schritte über den Schnee. Als er die Augen hob, stand jenseits der Grenze eine Frau, ihm auf der andern Seite des Toten gegenüber.

»Wer bist du?« fragte er.

»Ich bin sein Weib«, antwortete sie, lachte und berührte mit dem Fuß den Toten. Sie standen da und schwiegen.

»Bist du nicht traurig?« fragte er endlich.

»Nein«, antwortete sie. Darauf beugte sie sich und nahm dem Toten einen Ring von seiner geballten Hand, die sie mühsam öffnete. »Den braucht er nicht mehr«, sagte sie dabei.

»Woher kommst du?« fragte er nach einer Weile.

»Vom Dorf«, antwortete sie und zeigte hinter sich nach der Richtung, von der er wußte, daß dort jenseits der Grenze ein Dorf lag. »Und was machst du hier?« Er sagte:

»Ich will mich töten.«

»Wozu?« fragte sie.

»Weil ich den Tod liebe.«

»Du bist ein Henker?« lachte sie.

»Du hast recht«, antwortete er, »ich bin ein Henker.« Sie sahen einander an, zwei weiße Gesichter in den wachsenden Schatten.

»Die Sonne geht unter«, sagte sie, »willst du mit mir kommen?«

»Ich komme mit dir«, antwortete er und stieg über den Toten. Sie ging wenige Schritte vor ihm. Der Wald jenseits der Grenze war lichter, die Stämme jedoch noch mächtiger und das Wild zahlreicher. Einmal fiel ein Schuß dicht vor ihm, doch änderte sie ihren ruhigen Gang nicht, und erst später merkte er, daß seine Stirne blutete. Als sie den Wald verlassen hatten, wurden unter ihnen die Lichter und die Umrisse eines Dorfes sichtbar; zwischen Tag und Nacht schritten sie dahin. Das Land lag in weiten Wellen zu ihren Füßen, und zwei Raben begleiteten sie mit beinernen Schnäbeln durch die Dämmerung. »Immer sind Vögel hier«, dachte er, »immer umflattern sie mich, die Freunde meiner Seele, die Totenvögel.«

Hunde gaben an, und ein Pferd wieherte. Sie erreichten das fremde Dorf. Die Häuser drängten sich um eine Kirche, und auf dem Platz stand alt und zerfallen ein Brunnen in der beginnenden Nacht. Er war mit Eis zugedeckt, so daß die Fläche einem Spiegel glich, doch sah er sein Gesicht nicht, als er sich über die klare Fläche neigte.

»Ist niemand hier?« fragte er und schaute sich um.

»Sie sind in den Wäldern«, sagte die Frau und schritt durch den Schnee auf ein Haus zu. Sie stiegen eine Treppe empor, die an der Längsseite hinaufführte; von der Dachrinne hingen meterlange Eiszapfen herab, und die Türe öffnete sich nur schwer. »Gib mir die Hand«, forderte ihn die Frau auf, die er im Dunkeln der Türe nicht mehr erkennen konnte. Sie führte ihn in das Innere des Hauses, durch Gänge und über neue Treppen. Sie gingen in vollkommener Finsternis, nicht einmal die Umrisse von Fenstern erblickte er, es war ihm, als wäre er ins Herz aller Dinge gedrungen.

Das Haus mußte alt sein, denn das Holz, über das er schritt, gab manchmal seinem Fuß nach. Eine Türe fiel hinter ihm ins Schloß. Die Frau ließ seine Hand los, und er stand allein. Er hörte ihre Schritte. Dann stand auch sie still. Ein Streichholz flammte auf, sie zündete eine Kerze an. Sie befanden sich in einem kleinen Raum. Die Fenster waren mit dicken Brettern vernagelt. In der Mitte des Zimmers war ein großer, roher Tisch, auf dem die Kerze stand. Vor dem Tisch war ein Stuhl und an der Wand ein Bett, sonst war nichts in diesem Zimmer, kein Spiegel, kein Bild, kein Schrank, nur altes Holz, wohin er blickte, nackt und ungehobelt, mit Fasern, die wie Adern über die Flächen liefen, sich mit seinem und ihrem Schatten vermischend.

»Das ist mein Todeszimmer«, dachte er, »ich wußte, daß es so aussieht«, und blickte nach der Frau.

»Ich will mit ihr sterben«, dachte er wieder, »es hat keinen Sinn, allein zu gehen.« Dann lachte er.

»Warum lachst du?« fragte die Frau.

»Ich lache, weil alles so einfach ist«, antwortete er und schwieg. Er wußte nun, was er sein ganzes Leben lang getan hatte, warum er in das einsame Dorf an der Grenze gekommen war, in dieses Land voll Schnee und Wälder, alles verlassend, was er besaß, seine Stellung, sein Ansehen, sein Geld, warum er immer wieder den Tod aufgeschoben: Er hatte den Menschen gesucht, mit dem er sterben wollte.

Als ihre Atemzüge dann ruhiger wurden, und da sich ihr
Leib, ermattet, von dem seinen löste, hatte er, wie sie jäh
in den Schlaf sinkend, einen Traum. Er befand sich auf
einer Treppe, die in die Nacht hinab führte. Die Treppe
war breit, und er sah kein Geländer und nichts, das sie
begrenzt hätte, sie schien sich, eine geneigte Fläche, nach
allen Seiten ins Unendliche auszudehnen. Die Stufen
waren aus Granit gefügt, der naß war. Auf den kleinen
ebenen Plattformen, welche die Treppe unterbrachen,
hatten sich Pfützen angesammelt. Die Nacht lag ohne
Helligkeit über den Steinen, so daß er das Gefühl hatte,
sich in tiefer Dunkelheit zu bewegen. Doch konnte er die
Finsternis etwa fünfzig Stufen nach oben und nach unten
durchdringen, als hätte er Augen, die ohne Lichter zu
sehen vermochten, was ihn beunruhigte. Über die
Treppe wälzten sich Menschen hinab, unter ihm, auf
gleicher Höhe und über ihm, in ungeheurer Zahl. Er war
in ihnen wie in einem Strom, eine Welle unter Wellen,
und er wußte, daß er seit Anbeginn der Zeit ein Teil
dieses Stromes war und daß seine Bahn nichts anderes
sein konnte als ein einziger Abstieg in die Tiefe vor ihm.
Er stieg hinab, die Stufen hinunter und über kleine Plätze
und immer weiter hinab, an Laternen vorbei, die ohne
Schein schräg in das Leere ragten. Mit ihm zogen Weiber
hinab, ausgebrannt von der Qual der Geburten, die
Haare wirr in langen Strähnen über den mageren Leibern. Kinder schrien hart und seltsam. Männer waren
neben ihm, die unverständliche Worte sprachen und
deren Arme immer die gleichen, kreisenden Bewegungen
wie Windflügel machten. Er kam an Menschen vorbei,
die mit gefalteten Händen der Tiefe zugewandt auf den
Stufen kauerten, um dann laut schreiend aufzuspringen.

Er schritt ohne Schrecken hinunter als einer, der den
vertrauten Weg der Gewohnheit geht, doch machte ihn
mit der wachsenden Zeit eine Veränderung der Tiefe
unsicher. Er bemerkte in der unermeßlichen Verlorenheit
des Abgrunds, in den sich die Treppe hinuntersenkte,
einen fernen Schein, der beim Hinabsteigen an Leucht-
kraft zunahm, doch wurde er der Menge noch nicht
bewußt; unbeirrbar, Woge um Woge, wälzte sie sich ihm
entgegen. Nur hin und wieder ahnte er in einzelnen
Gesichtern eine flackernde Angst. So stieg er hinab auf
die wachsende Helligkeit zu, wie durch Jahrhunderte
hindurch, gebannt nach dem starrend, was ihm der
Abgrund langsam enthüllte. Mit dem steigenden Licht,
das von unten herauf wie eine rote Wolke brach, veränderte sich langsam das Bild. Hatte sich bis jetzt seinen
Augen eine unbestimmte Masse dargeboten, die in der
Finsternis versank, so daß nur die Nächsten deutlich
sichtbar gewesen waren, traten nun gegen die Tiefe die
Silhouetten der Menschen mit äußerster Schärfe hervor.
Auch mußte sich der Schein anderen mitgeteilt haben,
denn er nahm wahr, daß manchmal einer die Bewegung
der Menge nicht mitmachte, sondern nach oben stieg,
ohne gehindert zu werden. Immer deutlicher zeichnete
sich ein riesiger Feuersee ab, in den sich die Masse ergoß.
Er sah in der Tiefe glühende Gasbälle aufsteigen und
Protuberanzen wie Feuerblumen aus dem Gischte flam-
mender Lava auftauchen. Ein Schreien und Stöhnen
drang herauf, und er sah verkrampfte Hände, die sich im
Fluch zum Himmel reckten, der regungslos über allem
hing, ohne Sonne und Mond, ein schwarzer Priesterman-
tel, der eine brennende Wunde deckt. Doch erstarrte die
Menge nicht, auch wenn sich die Zahl derer, die aufwärts

stiegen, mehrte. Mit geschlossenen Augen beschleunig-
ten die Menschen neben und über ihm ihren Schritt,
rissen die unteren mit und tauchten hinab, dem
anschwellenden Heulen derer entgegen, die von den
Flammen schon angeleckt wurden. Da bemerkte er mit
Entsetzen eine Gestalt nach oben stürzen, die den Strom
der Menge, der ihr entgegentrieb, mit mächtigen Armen
teilte. Wie der Mann lautlos an ihm vorbei nach oben
eilte, glaubte er, verkohlte Kleider zu sehen und Hände
und Füße, die mit Brandwunden bedeckt waren. Das
Auftauchen und Verschwinden des Mannes erschütterte
ihn. Er sah das Unsinnige seiner Lage und erkannte, daß
er verloren war, wenn er nicht handelte. Er stand still
und kehrte sich dann mit einem plötzlichen Entschluß
um. Im ersten Augenblick glaubte er, von der ungeheuren Menschenmasse erschlagen zu werden, die sich vor
ihm in das Unendliche des Himmels auftürmte, eine
Pyramide von Köpfen, Leibern und Gliedern, aber dann
stieg er aufwärts, eine Stufe, eine zweite und dann mehrere. Von oben kamen ihm die Menschen mit Gesichtern
entgegen, in denen sich der Schein des Feuers wie Blut
spiegelte, und einigemale war er im Begriff umzukehren,
so schrecklich war der Anblick, doch stieg er immer
höher. Manchmal sah er einen, der zusammenzuckte, wie
er ihn erblickte, umkehrte und keuchend neben ihm die
Treppe hinauf rannte, bis er sich mit einem gellenden
Schrei zu drehen begann, um aufs neue den Weg in die
Tiefe zu wählen. Von oben kamen ihm die Scharen
immer dichter entgegen, und oft mußte er mit beiden
Armen die Menge teilen, doch kam es ihm vor, als wäre
der Widerschein des Feuers nicht mehr so stark auf den
Gesichtern. Er stieg langsamer, und mit der Zeit lockerte

sich die herabstürmende Masse der Menschen auf. Auch fiel es ihm auf, daß die Menschen nicht mehr gleich gekleidet waren wie er, ihre Gewänder waren altertümlicher als die seinen, und schon sah er einige mit Kleidern, die das Mittelalter getragen hatte. Er schien in der Zeit zurückzugehen, je höher er stieg. Als er sich später wandte, war vom feurigen See nur noch ein schwacher Schein undeutlich tief zu erblicken. Die Menschen wurden weniger zahlreich. Es flutete ihm nicht mehr ein zusammenhängender Strom entgegen. Auch schien es ihm, als kämen von oben solche an ihm vorbei, die er einmal hatte hinaufsteigen sehen, denn sie trugen Kleider wie er. Die ersten Gewänder des Altertums leuchteten auf, römische Togen und griechische Obergewänder. Es zeichneten sich deutlich Gruppen ab, zwischen denen die Abstände größer wurden. Waren zuerst die Abstände wie zufällige Lücken in einem ununterbrochenen Gebilde gewesen, so überblickte er nun die Gruppen vollkommen, die nach und nach zwanzig Menschen nicht überschritten. Er nahm wahr, daß die Menschen einer Gruppe zusammenzugehören schienen. Die Gewänder wurden seltsam. Oft sah er solche, die er nie geahnt hatte. Wie buntes Geschmeide versanken sie in der Tiefe. Er begann einzelne Menschen zu beobachten, doch hatte sich das Bild der Treppe verändert. Der ferne Schein war der vollkommenen Nacht gewichen, auch nahm die Dunkelheit nach oben zu. Er stieg weiter hinauf. Die Treppe war nun auf zehn Stufen als ein schwach erhellter Raum sichtbar, in den die Menschen still traten und aus dem sie gingen, wie aus dem Leeren geboren und wie ins Leere gestoßen. Die Klagetöne waren seit langem verschwunden, und sein Ohr vernahm nur den eintönigen Widerhall der nach unten hastenden Schritte. Die Gruppen lösten sich, und es begegneten ihm nun schon Einzelne, die allein hinunterstiegen, in Felle und Häute gekleidet. So zog die Menschheit an ihm vorbei, hinab in die Tiefe. Es kamen die letzten. Dunkle Horden, nackt und zusammengedrängt wie Tiere. Oft traf es sich, daß er lange allein war, ohne jemand zu sehen. Wenn er jedoch unbeweglich stand und in die Nacht hinaufhorchte, hörte er immer noch von oben Tritte näher kommen. Auch zogen viele an ihm vorbei, die er nicht sehen konnte, denn die Treppe war ohne Grenze auch in der Breite, was ihm erst jetzt deutlich bewußt wurde, und oft dachte er, daß irgendwo in der Unendlichkeit des Raumes, auf gleicher Höhe wie er, ein Mensch hinaufsteigen müsse, sein Doppelgänger, wie er den Blick auf die Stufen der Treppe gerichtet. Die Nacht lag als ein Rad um ihn, so daß er jene, die noch hinunterstiegen, erst sah, wenn sie dicht vor ihm waren, mit riesenhaften Köpfen, in denen die Augen als weiße Steine lagen und deren niedrige Stirnen wie Fäuste vorsprangen, tierähnliche Wesen, planlos zerstreut in der Finsternis der ersten Zeiten. Dann verschwanden auch sie. Er stieg hinauf, ohne daß er jemanden traf, der ihm von oben entgegengekommen wäre, und wenn er stehen blieb, was nun öfters geschah, hörte er keine Schritte sich nähern. Nur von unten drang fern der Widerhall jener, die an ihm vorbeigezogen waren, doch versank nach einiger Zeit alles in der unnennbaren Ferne des Abgrunds. Er stand im Leeren. Er taumelte. Doch hörte er in diesem Augenblick, wie von oben her Schritte in einer Geschwindigkeit näher kamen, die immer größer wurde, wie die eines fallenden Steines. Er hielt im Steigen inne und starrte nach oben, wo sich die

Nacht zu einer undurchdringlichen, schweigenden
Mauer verdichtete, aus der heraus nun die Schritte auf ihn
zurasten. Da tauchte vor ihm der Mann auf, aus dem
Rachen der Finsternis wie ein Pfeil geschleudert, die
verkohlten Hände weit zum Himmel in einer Gebärde
unendlichen Grauens erhoben. Er aber stand unbeweglich. Es schien, als müsse der Rasende mit ihm zusam-
menstoßen. Da schlug der Fremde, von der Tiefe hinge-
rissen, mit dem Gesicht auf den Granit, drehte sich, um
in der Nacht tief unter ihm zu verschwinden, indem er
auf dem Rücken, den Kopf nach unten, blitzschnell über
die Treppe in den Abgrund glitt. Nun war er allein. Er
stieg weiter, mühsam, weil das Leere ihn verwirrte. Er
dachte, daß es besser wäre, sich in völliger Finsternis zu
bewegen, da die sonderbare Durchsichtigkeit der Nacht
seine Bewegungen lähmte. Er war durch nichts in seinem
Aufstieg behindert als durch sich selbst. Es war ihm, als
ob er sich innerhalb einer ungeheuren, steinernen Tret-
mühle befände. Er bemühte sich, seine Gedanken auf
etwas zu lenken. Er versuchte, seinen Leib zu beobachten und sich so an einen Gegenstand zu halten. Er
beobachtete, wie sein Fuß beim Aufwärtssteigen unter
dem vorgeschobenen Knie sichtbar wurde, um kurz in
seinem Blickfeld zu bleiben, bis er von neuem unter dem
Leib verschwand. Er kam sich selber seltsam vor und
fremd wie ein Insekt, und seine Bewegungen schienen ihm
die einer unwirklichen Maschine. Er wandte den Blick
wieder von sich ab in die Nacht. Er schritt endlos hinauf
durch den leeren Raum und durch die leere Zeit. Gedanken ängstigten ihn. Er dachte sich, daß unvermutet die
Treppe aufhören könnte, so daß er senkrecht unter sich
die roten Wolken erblicken müßte, die sich am Grunde

der Tiefe sammeln. Diese Vorstellung war ihm eine un-
erträgliche Qual, auch wenn nichts auf eine solche
Möglichkeit hinwies. Er war sich selbst ausgeliefert.
Auch bedrückte ihn, daß er nichts Bestimmtes von sei-
nem Aufstieg erhoffen konnte. Er glaubte zwar an ein
Ende der Treppe, und daß er dorthin kommen müsse,
woher alle Menschen kämen, doch verwirrten sich seine
Gedanken, da er nicht begriff, was die Menschen
gezwungen hatte, diesen schrecklichen Abstieg auf sich
zu nehmen. Die Eintönigkeit der Treppe zerstörte seinen
Geist, und die milchige Helle der Finsternis, die auf den
Stufen lag, der nasse Granit und der immer gleiche
Widerhall seiner Schritte umklammerten seine Seele. Die
Plattformen verschwanden, die das Emporsteigen von
Zeit zu Zeit unterbrochen und einige Abwechslung gebo-
ten hatten, da sie nicht regelmäßig angelegt waren, so daß
er die Stufen zwischen ihnen hatte zählen können:
Gleichmäßig stieg er nun die Treppe hinan. Mehrere
Male lief er auch eine der Stufen nach links und nach
rechts entlang, oft stundenlang, ohne eine Abgrenzung
zu finden. Einmal glaubte er ferne Schritte zu hören,
doch waren sie so weit von ihm, daß sie verhallten. Er lief
verzweifelt schräg die Treppe hinauf, laut schreiend, um
den anzuhalten, der vielleicht irgendwo hinunterstieg. Er
wollte ihn fragen, warum er dies tue und ihn bitten, mit
ihm nach oben zu steigen, damit beide gerettet würden,
doch hielt er bedeckt mit Schweiß und außer Atem inne.
Er spürte die Kälte der Quader unter seinen Füßen und
das Eis der Unendlichkeit an seiner Stirne. Er begann
wieder zu steigen. Er sah mit gerecktem Hals vor sich hin
und hielt den Oberkörper weit nach vorn gebeugt. Seine
Arme bewegten sich ziellos, und seine Füße stolperten.

Er stieg ungleichmäßig, und langsam wuchs beim Hinaufsteigen die Angst, die sich bei jedem Schritt verstärkte. Er
fiel und richtete sich mühsam und blutend wieder auf,
dann fiel er aufs neue. Lange blieb er liegen und preßte sein
Gesicht an den feuchten Granit, der seine Kleider durch-
näßte. Später kroch er herum wie ein Tier, ging dann
wieder einige Stufen hinauf in das wachsende Entsetzen
hinein. Die Einsamkeit war wie ein Stein, war so, wie es
tote Sterne gibt, unermeßlich und ohne Licht in erbar-
mungsloser Dichte Atom an Atom gefügt. Das Leere
klebte an ihm, er war eingesogen vom blutleeren Schlund
des Nichts. Er stand still. Jeder weitere Schritt war
sinnlos, war gleich wie sein Stillstehen. Es gab nur einen
Sinn mehr: Wieder hinab zu den Menschen, atemlos, ein
fallender Leib, zwei aufgereckte Hände, zwei tote Augen,
ein schreiender Mund, um eins zu werden mit dem
Schicksal der Menschheit, die in der Hölle versank,
umsprüht von den Schwefeldämpfen der brennenden
Meere. Es war unmöglich, allein zu sein, nur sich selbst
gegenüber, Auge in Auge mit sich selbst, ohne Distanz,
ohne Welt, ohne Möglichkeit zu reden, zu beten, zu
fluchen, zu schreien, denn alles, was er tat, verschluckte
lautlos der Raum und zerrieb zu nichts die leere Zeit. In
ihm war eine Schwerkraft, die ihn hinab zur Tiefe zwang.
Noch widersetzte er sich. Zum letzten Mal. Dann öffnete
sich ihm selbst der Abgrund der Welt. Er bedeckte seine
Augen mit beiden Händen und stürzte hinab in die Tiefe,
die ihre Arme öffnete, furchtbar in ihrer Majestät, von
ungeheuren Opferbränden umkränzt, tönend wie eine
eherne Glocke von der Verzweiflung der Menschen, und
wie er in ihrem Leib versank, verhallte sein Schrei: Gnade,
wo ist Gnade, ohne Antwort an ihrem Antlitz.

»Du schreist«, sagte sie und rüttelte ihn. Er sah erwachend ihr Gesicht, das sich über das seine neigte. Ihre Augen waren gleichgültig. »Sie weiß, was ich im Sinn habe«, dachte er und erkannte erst jetzt, daß über ihm ein Kreuz hing, einsam und schwarz, mit einem Nagel in der Mitte an die Wand geschlagen. Er erhob sich und kleidete sich an, hüllte sich in den Mantel. Er fror. Das Weib erhob sich ebenfalls. Er lehnte sich gegen die Wand. Die Kerze brannte immer noch.

»Ich werde warten, bis sie erloschen ist«, dachte er und umklammerte die Waffe.

»Sind deine Augen immer so leer?« fragte sie.

»Ja«, antwortete er, »immer.«

Dann schwiegen sie wieder. Er sah gleich der Frau nach der Flamme, die still brannte. Ihre Hände lagen wie abgetrennt auf dem Tisch. Die Flächen hielt sie ohne Ausdruck nach unten und ohne Bewegung, als hätte sie diese Hände auf dem Tisch vergessen, so daß sie sinnlose Gegenstände links und rechts der Kerze waren, über deren Schaft der Talg floß. Über allem schwebte ihr Gesicht, das versteinerte, eins wurde mit dem Schweigen des Raumes. Dann sah er die Kerze niedriger brennen. Die Flamme flackerte. Sie wurde kleiner und größer, und mit ihr wurde der Raum wie ein atmendes Wesen lebendig. Auf dem Weibe tanzte der Schein. Die Flamme leuchtete noch einmal zwischen ihren Händen in hellem Strahl auf, um dann in sich zusammen zu fallen, sterbend in der Finsternis. Die Nacht des Todes war vollkommen geworden. Von seiner Vision noch immer betäubt, erwachte er nun zu einem klaren und sicheren Bewußtsein, wie er es nie in seinem Leben gekannt hatte. Eine glühende Freude war in ihm. Die Dumpfheit seiner Seele

wich, blind in der Dunkelheit des Zimmers sah er klar
und scharf. Er trank die Stille dieser Stunde wie Wasser,
das einem Verdurstenden gereicht wird, bereit, die Tür-
flügel zu öffnen, die ihn vom Nichts trennten, von der
grenzenlosen Einsamkeit des Raums, von den schwim-
menden Einöden zwischen den fahlen Sternbildern, entschlossen, die Schwelle gemeinsam mit jener Frau zu
betreten, die irgendwo in diesem Zimmer atmete, ein
Opfertier, das stumm den Hieb des Priesters erwartet.

Er stand lange in der Dunkelheit, nachdem er geschossen
hatte, einmal, dann mehrere Male, ohne zu zielen; doch
er wußte, daß er getroffen hatte. Dann schritt er gegen
die Mitte des Zimmers, ohne sich töten zu können.

»Ich will leben«, sagte er mit lauter Stimme, wie er
nach ihr tastete, »ich will leben«, und dann noch einmal:
»leben!« Er befühlte den Tisch, dessen Fläche ihm in der
Finsternis unendlich schien, mit Rissen, denen er wie den
Linien einer Hand nachfuhr. Er berührte mit den Fingern
etwas Hartes, das er erst nach langem als den Kopf des
Weibes erkannte. Es war das erste Mal, daß er zitterte. Er
fuhr über ihren Leib und durch ihre Haare, auch fühlte
er, daß seine Hand an diesem Leib blutig wurde. Dann
stand er mitten im Dorf, das noch immer menschenleer
zu sein schien. Der Dorfplatz gleißte. Er beugte sich über
den Brunnen und schlug mit der Waffe das Eis ein. Wie
er mit der Hand ins Wasser tauchte, löste sich Blut von
ihm, um sich dann als eine dunkle Wolke vor der Scheibe
des Mondes zu verbreiten, der gelb im Brunnen wie ein
grober Teller lag, nach dem er greifen konnte. Er ging an
leeren Fenstern vorbei über das Pflaster. Er kam an
Giebelhäusern vorüber, und sein Schatten ging hart am

Boden vor ihm her. Später erreichte er die Allee. Riesige Bäume standen zu beiden Seiten überdeutlich vor dem Himmel. Sie brachen aus der Erde und verkrallten sich in den Wolken wie Hände, die im Moor versinken. Er ging zwischen ihnen mit gleichmäßigen Schritten, und sein Schatten ging mit ihm. Hin und wieder kam der Wind, heulte von weitem und brauste durch die Bäume, jagte den Mond durch die öden Felder, daß dieser über die Hügel rollte, groß wie ein Haus, als ein fahler Kopf voll Schwären und Löcher, aus denen Riesenfliegen und grüne Käfer krochen. Doch war es nicht dunkler geworden, wie der Mond gesunken war, sondern alles lag ohne Schatten vor ihm, unbarmherzig und unwirklich. Er schritt dahin, ohne anders zu können. Sein Gesicht verwandelte sich. Es wurde undurchdringlich und fahl wie der erloschene Mond zwischen den Tannen. Der Weg war endlos durch die Allee und endlos der Himmel über ihm, durchzogen vom schwankenden Zug der Vögel, seinen Begleitern, deren Schrei von weitem an sein Ohr drang, in deren Flug alles lag, was ihn umgab: Bäume und Himmel, das Licht und die Straße, die er ging, aber auch sein sinnloses Leben mit seiner Lüge und mit seinem Verbrechen, der tote Leib des Weibes über dem Tisch mit den tiefen Rissen und das Blut im Brunnen. Dann dröhnten plötzlich die Glocken des Dorfs, und er hörte die fernen Schreie des Alarms. Von weitem glitten Motorräder heran, pfeilschnell vom fernen Horizont her, pfeifend umhüllten ihn die Wolken der Geschosse. Er warf sich nieder, kroch in einen Graben, eilte über die Felder, von Lichtkegeln erfaßt und wieder verloren. Der Wald nahm ihn auf, aber fast mit ihm drangen die Verfolger ins Holz. Von ihren Kugeln zersplitterten die Stämme.

Schon sah er das Weiße ihrer Augen, die verzerrten Gesichter, die Messer, die sie nun aus ihren Mänteln rissen, aber dann kam der Schnee, eine ungeheure Decke, die sich lautlos heruntersenkte, eine kalte, sanfte Hand, die alle mit Blindheit schlug. So erreichte er sicher die Lichtung und stieg unbehelligt über den Toten, still schloß sich hinter ihm die Spur, fern und unnütz verhallten die letzten Schüsse der Verfolger. Er schritt durch den Wald, eingehüllt in seinen zerrissenen Mantel, unberührt vom Morgen, der irgendwo hinter den fallenden Schneemassen heraufdämmerte. Im Schneegestöber tauchten die ersten Häuser des Dorfes auf, verschwanden wieder. Männer standen bis zum Leib im Schnee mit großen Schaufeln, fluchten über ihre sinnlose Arbeit, denn immer gewaltiger wehte es heran. Er erreichte den Gasthof, zahlte, niemand kümmerte sich um ihn. Er bestieg den ersten Zug, der in die Hauptstadt zurückführte, ohne Gedanken, ohne Trauer, ohne Willen, während die wenigen Häuser, der treibende Fluß und die niedrigen Hügel hinter dem Fenster versanken, dessen Fläche, wie sich der Zug in Bewegung setzte, das schnell wachsende Eis schon zugeschlossen hatte.

Was er von nun an trieb, ist gleichgültig, denn es war sinnlos, was es auch sein mochte. Er wurde ein Mensch wie jedermann, ein Mensch mit einer Stellung, der heiratete, der Kinder hatte, ein Haus, ein Automobil, eine Geliebte, doch lächerlich alles, weil es ein Geheimnis umschloß, den vergeblichen Versuch, mit der flatternden Fahne des Todes ins Nichts aufzubrechen, das Herz voll Sehnsucht nach der großen Kälte. Was er auch tat, lief auf Betrug hinaus, auch wenn er nur sich selbst betrog, wie

auch unser Gespräch ein Betrug war, ohne daß er es
wußte. Wir waren durch die Vorstädte gegangen und an
den Fluß hinunter, dann den Quai entlang, unter den
hohen Bögen der Brücken hindurch. Mit fortschreitender
Erzählung änderte sich sein Verhalten. Er ließ sich nicht
mehr treiben, er lenkte, ohne es bewußt zu tun, unseren
Gang durch die Sommernacht, bis wir in eine verlassene
Fabrik eindrangen, in eine Ansammlung weißer Gebäude, mit Kaminen dazwischen und halb zerstörten Hoch-
öfen, alles halb versunken in wild wucherndem Unkraut;
nur der Platz, auf dem wir standen, schien makellos, die
großen Steinplatten Fuge an Fuge. Mitten im Hof nahmen wir Abschied, es sei besser, meinte er, von einer
flackernden Angst erfüllt, daß wir uns noch vor Anbruch
des Morgens trennten, doch kehrte ich mich noch einmal
um: da stand er mir mit erhobener Waffe gegenüber. Ich
erkannte, daß ich in eine fürchterliche Falle gegangen
war. Er hatte mir sein Verbrechen nur erzählt, um mich
als den zu töten, der das Geheimnis seiner Verzweiflung
kannte, und so hatte er sich zum zweiten Male zum Mord
überlistet, denn gelang es ihm nicht, ein Mensch zu sein,
so wollte er wenigstens ein Schakal sein, der in den
Nächten über die Ebene schweift, ein Tier, das Blut
trinkt. Dann aber hob er die Waffe von mir, indem sich
seine Augen mit Tränen füllten, und wie er schoß, brach
er zusammen, als möchte er eins werden mit der steinernen Fläche, auf die er fiel und deren Rinnen sich mit
seinem Blut füllten.

Pilatus

1946

Denen aber draußen widerfährt alles durch Gleichnisse, auf daß sie mit sehenden Augen sehen und doch nicht erkennen, und mit hörenden Ohren hören und doch nicht verstehen

Wie die schweren Eisentüren geöffnet wurden, die seinem Throne am anderen Ende des Saales gegenüberlagen, und wie sich ihm aus den offenen Riesenmäulern die Menge entgegengoß, mühsam nur von den Legionären zurückgehalten, welche die Hände zu einer Kette geschlossen hatten und sich mit dem Rücken gegen die Rasenden stemmten, erkannte er, daß der Mensch, der ihm vom Pöbel wie ein Schild entgegengeschoben wurde, niemand anders war als ein Gott; doch wagte er ihn nicht ein zweites Mal mit seinem Blick zu streifen, weil er sich fürchtete. Auch hoffte er Zeit zu gewinnen, indem er den Anblick des Gottes mied, um sich mit seiner schrecklichen Lage vertraut zu machen. Er war sich im klaren, daß er durch die Erscheinung des Gottes vor allen Menschen ausgezeichnet worden war, ohne aber die Bedrohung zu übersehen, die in einer solchen Auszeichnung liegen mußte. Er ließ daher seinen Blick über die Waffen der Legionäre gleiten, prüfte, wie er gewohnt war, die Sturmbänder, die ihnen hart unter dem Kinn lagen, den Zustand der Waffen, die Zuverlässigkeit der Bewegungen und die Festigkeit der Muskeln, um dann mit einem schrägen Blick nach der Menge zu sehen, die erstarrte und sich zu einer unbeweglichen Masse verdichtete, nun lautlos im Raume, an deren Spitze, von hundert Händen gierig umklammert, der Gott ruhig verharrte, den er jedoch noch immer anzusehen vermied. Er senkte vielmehr die Augen auf eine Rolle, die über seine Knie gebreitet war und einen Erlaß des Kaisers enthielt. Er begann nachzudenken, was ihn verhindere, den Gott vor allem Volk zu ehren. Es wurde ihm der Augenblick deutlich, da ihn der Gott mit seinem Blick getroffen hatte. Er erinnerte sich, dessen Blick gesehen zu haben, als die Türe, durch die sie den Gott brachten, kaum geöffnet worden war, und daß er nur diese Augen gesehen hatte und nichts außerdem. Sie waren nicht anders gewesen als Menschenaugen, nicht mächtiger oder von solchem Licht, wie er an griechischen Götterbildern bewunderte. Auch lag nicht die Verachtung in ihnen, welche die Götter gegen die Menschen hegen, wenn sie auf Erden wandeln, ganze Geschlechter zu vernichten, doch auch nicht jene Auflehnung, die er in den Augen der Verbrecher glimmen sah, wenn sie vor ihn gebracht wurden, bei Rebellen wider das Reich oder bei Narren, die lachend starben. Es lag eine bedingungslose Unterwerfung in diesen Augen, die aber eine heimtückische Verstellung sein mußte, weil dadurch die Grenze zwischen Gott und Mensch aufgehoben und so Gott Mensch und Mensch Gott geworden wäre. Er glaubte daher nicht an die Demut des Gottes, und dessen menschliche Gestalt war ihm eine List, die Menschheit zu versuchen. Vor allem war es ihm wichtig zu erfahren, wie sein Verhalten den Gott berührt hatte; denn ihn bewegte die Einsicht, dem Gott gegenüber handeln zu müssen. Ihn verwirrte die Angst, den entscheidenden Augenblick durch die Bewegung des Auges nach unten zu der ausgebreiteten Rolle hin verloren zu haben, weil darin für den Gott eine Mißachtung liegen konnte. Er hielt es daher für das Beste, in den Gesichtern seiner Soldaten nach Anzeichen zu forschen, die auf einen solchen Argwohn hätten schließen lassen. Er schaute scheinbar abwesend auf, bedächtig, ohne sich zu beeilen und ohne seine Furcht zu verraten, so daß er nach den Legionären wie mit Befremden sah, als wüßte er nicht, warum sie in diesem Raume seien. Er konnte jedoch nichts entdecken, das ihn beunruhigte, aber auch nichts, das seinen Argwohn hätte nehmen können; denn er sagte sich sogleich, daß die Legionäre ihre Gedanken zu verbergen wußten; doch war es wieder möglich, daß es ihnen gleichgültig war, wie er sich dem Gott gegenüber benahm, da sie diesen nicht erkannt hatten. So unternahm er es, zum zweiten Male nach der Menge zu sehen, die unter seinem Blick zusammenzuckte. Er sah die Vordersten zurückschrecken, so daß die Menge in der Mitte zusammengedrängt wurde, da gleichzeitig die Hintersten, aus Gier, seinen Blick zu deuten, die Leiber nach vorne schoben. Die Gesichter lagen nackt vor ihm, und weil der Haß sie trieb, schienen sie ihm von einer Häßlichkeit, die ihn ekelte. Er überlegte, ob er nicht den Legionären befehlen solle, die Türen zu schließen, um dann von allen Seiten mit bloßen Waffen in die Menge schlagen zu lassen; doch fürchtete er sich, dies vor einem Gott zu tun. Das Rasen der Menge aber und die Wut, mit der sie den Gott umklammert hielt, gaben ihm die Gewißheit, daß die Menschen von ihm den Tod des Gottes fordern würden, worauf er sein Antlitz unwillkürlich nach dem Gefesselten wandte, obschon eine übergroße Furcht in ihm war, den Augen des Gottes zum zweiten Mal zu begegnen. Die Erscheinung war jedoch derart, daß er den Blick lange auf sie gerichtet hielt. Der Gott war nicht von großem Wuchs, und seine Gestalt war die eines unscheinbaren Menschen.

Die Hände waren nach vorne gebunden und blau aufgetrieben. Die Kleider lagen ihm zerfetzt und schmutzig am Leib, so daß an vielen Stellen die Haut zu sehen war, über die rote Striemen liefen. Er sah, daß diese Gestalt des Gottes die grausamste war, die den Menschen täuschen konnte, und daß es dem Gott nur in einem unvorstellbaren Haß hatte einfallen können, in dieser niedrigen Maske zu erscheinen. Was ihn jedoch am meisten entsetzte, war, daß der Gott es unterließ, ihn aufs neue anzuschauen; denn er fürchtete sich zwar vor seinem Blick, aber der Gedanke, der Gott mißachte ihn, war ihm unerträglich. Der Gott hielt das Haupt gesenkt, auch waren seine Wangen bleich und eingefallen, und eine große Trauer schien sich über sein Antlitz ergossen zu haben. Die Augen schauten in sich gekehrt, als wäre alles weit entfernt von ihm: die Menge, die ihn umklammert hielt, die Soldaten in ihren Waffen, aber auch der, welcher vor ihm auf dem Richterstuhl saß und welcher der einzige war, der die Wahrheit erkannt hatte. Er wünschte, die Zeit möchte sich zurückdrehen und der Gott ihn anblicken, wie damals, als sich die Tore geöffnet hatten, und er wußte, daß er dann vor ihm niedersinken würde, laut schreiend und betend, um ihn vor den Legionären und allem Volk Gott zu nennen. Wie er jedoch sah, daß sich der Gott nicht mehr um ihn kümmerte, verkrampfte er die Hände, als wolle er die Rolle auf seinen Knien zerreißen. Er wußte nun, daß der Gott gekommen war, ihn zu töten. So geschah es, daß er in seinen Thron zurückfiel, das Antlitz mit kaltem Schweiß bedeckt, indem die Rolle aus seinen Händen dem Gott vor die Füße sank. Doch als er das Gesicht des Legaten sah, das sich ihm entgegenneigte, gelangweilt und müde, gab er den Befehl mit leiser Stimme, als handle es sich um etwas Nebensächliches, worauf er sich zu einem Präfekten wandte, eben aus Galiläa zurückgekehrt, den er zu sich winkte, während der Befehl vom Legat mit gleichgültiger Stimme laut wiederholt wurde, um dann, wie der Präfekt ihm noch berichtete, der Menge nachzusehen, die sich murrend durch die offenen Türen des Hintergrundes verzog: Aber den Gott sah er nicht mehr, so sehr umgaben ihn die Menschen als ihr Geheimnis.

Die Türen waren nun wieder geschlossen und der Saal vor ihm öde. Er gab ein Zeichen, daß ihn alle verlassen sollten. Er lehnte sich zurück und schaute auf die Rolle nieder, die sein Fuß leise berührte. Seine Hände hielten das Ende der Lehne ruhig umfaßt, und er horchte mit leichtgeneigtem Haupt, wie sich die Offiziere entfernten; nur ein Sklave blieb zurück. Dann ließ er seine Augen aufmerksam über den Saal gleiten, mißtrauisch, als gelte es, die Spuren des Gottes zu entdecken. Er sah die mächtigen Wände, die ohne Schönheit waren und ohne Gliederung, die ehernen Flächen der Türen, durch welche die Menge den Gott davongetragen hatte, bemalt mit seltsamen Ornamenten von einem grellen Rot. In ihm war eine große Ruhe, die er vorher nie gekannt hatte. Die Furcht lähmte ihn. Sie war überall, in ihm und im schweren Lasten der Mauern. Er erhob sich und ging am Sklaven vorbei. Er verließ den Turm durch einen schmalen Gang und betrat den Hof. Auf den Ecktürmen und den hohen Mauern hoben sich einige Legionäre gegen den tiefblauen Himmel ab. Der Steinboden leuchtete in der Sonne. Er schien sich durch Feuer zu bewegen, wie er den Hof überquerte, so sehr umgab ihn das Licht. Er schritt auf das Hauptgebäude zu, das sich als ein plumper, gleißender Würfel vor ihm erhob, und betrat die Halle. Dann stieg er die Treppe empor, die dem Eingang gegenüberlag und nach oben in ein Gewirr von kleinen Zimmern mit durchbrochenen Wänden und hochgelegenen Fenstern führte, die schmal und vergittert waren und durch die das Licht des Nachmittags nur schwach flutete. Die Wände waren kahl, denn er wohnte selten in der Hauptstadt des verhaßten Landes; doch war der Boden mit Teppichen und Kissen bedeckt. Im größten Zimmer wartete der Legat, der sich schon gelagert hatte. Er setzte sich zum Offizier, doch berührte er die Speisen nicht und trank nur wenig Wein. Er gab dem Legat ruhig Antwort und hörte dem Gespräch zu. Er war im geheimen begierig, die Rede auf den Gott zu lenken; doch scheute er sich, weil er dem Legat mißtraute, so daß er lauernd auf ihn sah. Er fing an, bestimmte Fragen über das Heer zu stellen, was den Offizier verwirrte; denn das Gespräch nahm unerwartet eine Wendung ins Sachliche. So konnte er im Geist wie aus einem Versteck mit äußerster Klarheit jeden Moment seiner Begegnung mit dem Gott wiederholen. Er glaubte nicht recht, daß Herodes den Gott behalten würde, denn er ahnte, daß es ihm allein bestimmt war, die Wahrheit zu wissen. Er fürchtete, daß der Gott zu ihm zurückkehren würde, weil er zu ihm gekommen war und sonst zu niemand anderem, und er fühlte eine seltsame Begierde, daß dieser Augenblick schon erfüllt wäre. Der Abgrund zwischen Mensch und Gott war unendlich gewesen, und nun, da der Gott diesen Abgrund überbrückt hatte und Mensch geworden war, mußte er an Gott zu Grunde gehen und an ihm zerschmettern, wie einer, den die Welle an eine Klippe schleudert.

Wie nun der Bote kam, der ihm anzeigte, daß der Gott, von Herodes geschickt, gefesselt vor der Burg wieder eingetroffen sei, vom Toben der Menge begleitet, gab er den Befehl, den Gott ins Innere der Burg zu schaffen, um ihn von der Menge zu trennen, worauf er die Zeit abwartete, die die Legionäre brauchten, um den Gott in die Halle des Hauptgebäudes zu führen. Dann erhob er sich und schritt an der Kaiserbüste nahe der Türe vorbei, indem er nach seiner Gewohnheit den Blick auf dem Marmor weilen ließ, der still als ein fremdes, bekränztes Haupt vor ihm schwebte, das sich im Dunkeln verlor. Er ging durch den langen Gang, der zur Treppe führte, an dessen Wänden Legionäre standen. Die Gestalten lösten sich aus den Schatten, grell in den Flammen der Fackeln, die hier schon angezündet waren, so daß ein flackerndes Licht auf den Männern lag, das sich in immer neuen Wellen gelb und rot gegen die eisenbeschlagenen Schilder warf. Er schritt auf den Ausgang zu, der sich seinem Auge als ein helles Rechteck bot, von wo er in die Halle hinunterblicken konnte, und wieder sah er in der Erinnerung den Blick des Gottes. Einen Augenblick schien er zu zögern; doch machte er darauf so entschlossen die wenigen Schritte, daß er die Speere der Legionäre heftig zur Seite drängte, und trat in den hellen Raum der Halle hinaus. Er blickte mit einer kurzen Wendung des Kopfes nach unten. Er sah mit Grauen Legionäre, in deren Augen eben noch Spott geleuchtet hatte. Der Gott stand bewegungslos zwischen ihnen. Seine Hände waren immer noch gefesselt, doch hing nun von seinen Schultern ein weißer Mantel herab, mit Menschenkot beschmutzt. Er sah die Verhöhnung des Gottes, aber auch, daß dies seine Schuld war, da er ja den Gott zu

Herodes geschickt hatte. So sah er bestätigt, daß alles auf seine Verdammnis hinauslief, was er zu seiner Rettung unternommen hatte, und ging daher den Weg an den Legionären vorbei wieder zurück, ohne sich vorerst weiter um den Gott zu kümmern.

Die Geißelung des Gottes hatte er für die Zeit der dritten Nachtwache befohlen, doch ging er schon vorher nach der bestimmten Stelle zwischen dem Hauptgebäude und dem Turm, der diesem am nächsten lag. Der Tag war heiß gewesen unter der glühenden Sonne, die durch den wolkenlosen Himmel gerollt war und über den Hof unter ihr; nun aber war die Nacht über allem, noch ohne Mond, nur vom stechenden Feuer der Sterne durchbrochen, so daß es schien, als wäre die Welt nichts anderes, als die lichtlosen Flächen dieser Mauern und dieser Türme, die wie Rammpfähle in den Himmel gesenkt waren, ein Raum, der unermeßlich an Tiefe war und dennoch mit einer festen und bestimmten Zahl der Schritte zu durchmessen. Er gelangte zum Pfahl, den er für den Gott bestimmt hatte und der steil aus dem Boden in die Nacht ragte, kaum von der Fackel erhellt, die ein Sklave emporhielt. Wie er mit den Händen das Holz umfaßte, spürte er Nägel und Sprießen, die ihm die Haut ritzten, so daß er blutete. Dann wandte er sich zur Mauer des Hauptgebäudes, wo im Eingang einer kleinen Nebenpforte ein Sessel stand, und hieß den Sklaven die Fackel löschen, wie er sich niedergelassen hatte, da er schon die Schritte der Legionäre zu hören meinte; doch ging es noch einige Zeit, bis die Stimmen herüberhallten. An der Burgmauer, die ihm schräg gegenüberlag, machte sich ein schwacher Widerschein der fernen Fackeln bemerkbar, der sich vor seinen weitgeöffneten Augen verstärkte, und endlich sah er die Mauern so grell erleuchtet, daß sich die riesigen Quader scharf abzeichneten. Der Pfahl hob sich überdeutlich von der Burgmauer ab, so daß sein Schatten pfeilgerade über den Boden lief, worauf er an der Mauer jäh abbrach, um steil über die Wand nach oben in die Unendlichkeit der Nacht zu tauchen, wobei er aber, da sich die Fackeln näher bewegten, wie der irre Zeiger einer ungeheuren Uhr hin und her schwankte. Über die erhellte Fläche des Bodens schob sich eine dunkle Masse auf den Pfahl zu und verbreitete sich nach allen Seiten, wuchs dann hinein in den Raum, als ein dichtes Gemisch von unförmigen Köpfen, wildfuchtelnden Helmbüschen und verkrampften Händen, und endlich traten vor seine Augen die Legionäre: eine wilde Zusammenballung der Leiber und Waffen, unter ihnen solche, die Fackeln weit in die Nacht hinein hielten; auch ertönten Gelächter und Schreie, da niemand von dem wußte, der unbeweglich in seinem Sessel verharrte, kaum daß er den schweren Atem des Sklaven hinter sich spürte. Mitten unter den Legionären aber mußte, ihm unsichtbar, der Gott schreiten, indem sich dort alles zu einem Wirbel verdichtete; doch bemerkte sein scharfes Auge, wie sich in hartem Schlag Schwertknäufe und Fäuste dorthin senkten, so daß der Zug manchmal stille stand, weil alles nach innen drängte, zuschlug, um sich dann mit schrillem Gelächter zu lokkern, worauf die Menschen wieder dem Pfahl zueilten, den die Menge, wie sie ihn erreicht hatte, umringte: Sie waren jedoch so zahlreich, daß er den Gott nicht erkennen konnte. Ein Legionär erkletterte den Pfahl und befestigte die Fackeln im Kreis um die Spitze des Stammes,

worauf er ein Seil hinunterwarf, um dann mitten in die
Menge zu springen, die sich nun mit lautem Schrei jäh
um den Pfahl ballte, sich fürchterlich staute, von den
Fackeln über ihnen grell und phantastisch beschienen, so
daß die Schatten nach allen Seiten des Menschenhaufens
strebten, wie die Blätter einer seltsamen und ungeheuren
Blume, die sich plötzlich geöffnet hat. Dann aber strömte
die Menge auseinander und löste sich in einzelne auf, die
aus dem Licht der Feuerkrone eilten, um sich im Dunkeln niederzulassen, einige so nahe bei ihm, daß seine
Füße sie fast berührten. Er saß jedoch ohne Regung und
ohne dies zu bemerken; denn furchtbar zeigte sich nun
seinem Auge Gott. Er war nackt und die halberhobenen
Hände waren vom Seil umschlungen, das schräg ange-
spannt von ihrer Schwere am Pfahl herunterhing. Der
Gott stand ein wenig vom Stamm entfernt, einsam an
diesem Holz und unter dem tiefdunkeln und doch feurigen Himmel, voll sichtbar im Licht, das ihn wie ein Rad
umgab, so daß er in diesem Kreis gebannt war und ein
Bild der Macht dessen bot, der unbeweglich in der Finsternis des Seitenportals dem Gott gegenübersaß. Der
Schatten des Gottes jedoch wuchs aus dem Lichtkreis der
Fackeln heraus mitten in sein Herz, so daß alles, was nun
geschah, sich zwischen ihm und dem Gott abspielte;
denn alle Dinge, die Legionäre und das Brennen der
Fackeln, der Pfahl, der in den Himmel gereckt war, die
strengen Quader der Mauern, die harte Fläche des Bodens, das leise Atmen des Sklaven und die Feuermassen
der Gestirne, waren nur da, weil Gott da war und er und
nichts anderes, und waren da, weil es zwischen Gott und
Mensch keine Verständigung gibt als den Tod, und keine
Gnade als den Fluch, und keine andere Liebe als den

Haß. Und wie er das gedacht hatte, erhoben sich Legionäre in der Nacht, von der sie gedeckt wurden, wenige nur von ihnen, und traten von allen Seiten mit nackten Oberkörpern gegen den Gott: einige grell beschienen, und andere nur als Silhouetten sichtbar. In ihren Händen bewegten sich die Peitschen gleich Schlangen, umglitten spielend die mächtigen Arme, glitten dann zukkend leicht über den Boden als grausame Tiere mit unförmigen Köpfen aus Blei. Die Männer umschritten den Gott wie zum Tanz, berührten wie zum Spiel mit den schmalen Peitschen seinen Leib, um dann plötzlich in rasender Wut auf ihn einzuhauen, wobei sich die bleiernen Köpfe tief in den Leib des Gottes gruben, so daß sein Blut aus dem Fleisch brach, was ihn, der ruhig gesessen, mit unendlicher Qual erfüllte, da er im geheimen erwartet hatte, die Peitschen würden am Gott wie an Marmor abgleiten. Nun aber sah er, wie der Gott zusammensank, von den furchtbaren Schlägen der Legionäre getroffen, so daß die Füße über den Boden schleiften, weil die Hände durch das Seil weit nach oben gerissen und der Leib von der Wucht der Peitschen im Kreise herumgeworfen wurde, immer wieder von den pfeifenden Hieben der Legionäre getroffen, die halb nackt den Gott umtanzten, um von allen Seiten auf ihn einzuschlagen, vom flackernden Licht der Fackeln übergossen, welches die Schatten gespenstisch auf den steinernen Boden warf, der wie ein Spiegel war, wie dünnes Eis über ein bodenloses Meer gespannt. Dann aber ließen sie, wie der Leib leblos hing, mit starren Gesichtern vom Gott; denn müde lagen die Peitschen in ihren Händen, und langsam verschwanden die Menschen in der Nacht, so daß er allein dem Gott gegenüber zurückblieb, während

ungeordnet die Schritte der Legionäre verhallten. Die
Fackeln brannten nun ruhiger; doch waren sie dem
Erlöschen nahe, und Pech tropfte auf den blutigen Leib,
der sich um das Holz des Pfahles schlang. Da geschah es,
daß er sich von seinem Sessel erhob und langsam zum
Gott trat. Er trat so nahe zu ihm, daß er ihn hätte
berühren können; auch sah er den nackten Leib des
Gottes mit größter Deutlichkeit. Der Leib war nicht
schön; denn die Haut war welk und aufgerissen; auch
zeigten sich tiefe Wunden, von denen einige eiterten, und
alles war blutüberströmt. Das Gesicht des Gottes aber
sah er nicht, weil es zwischen den Armen hing. Wie er
jedoch diesen Leib sah, der entstellt war und häßlich, wie
jeder gefolterte Menschenleib, und wie er dennoch in
jeder Wunde und in jeder Schürfung des Fleisches den
Gott erkannte, ging er stöhnend in die Nacht, während
hinter ihm über dem Gott die Fackeln erloschen.

Zusammengekrümmt wie ein Tier vor Entsetzen lag er
irgendwo ohne Schlaf zwischen den kahlen Wänden seiner Gemächer, an denen sich die Flamme der Öllampe
spiegelte. Er lebte versunken im Grauen seiner Seele
dahin, einsam unter den Menschen und undurchdringlich
denen, die an seinem Auge vorüberzogen, ohne ihn zu
bewegen, wie einer, der in Winternächten Menschen
gehen sieht, schemenhaft im Lichte des Monds. Einsam
irrten seine Hände über die Muster der Teppiche, verkrallten sich in die Kissen oder faßten zitternd den Kelch,
in dem der Wein lag. Auch mochte es geschehen, daß sein
Blick schräg und seltsam zum Gesicht des Kaisers glitt,
das weiß im Dunkel war, mit Lippen, die zu lächeln
schienen, unwirklich, wie Tote zwischen ihren Gräbern

lächeln, und verloren in der Dämmerung. Dann schaute er stumm nach dem Sklaven, der sich vor seinem Blick abwandte, in welchem geisterhaft ein fremder Neid glomm. Am Morgen jedoch ließ er beim ersten Strahl der Sonne Flötenspieler kommen, und eintönig drang die Melodie an sein Ohr; doch vermochte ihn nichts zu bewegen, weil der Anblick des Gottes seinen Geist nicht mehr verlassen hatte.

Er versuchte nun, sich auf Kosten der Menge zu entlasten, da es ihm nicht gelungen war, den Gott zum Handeln zu zwingen. Der Ort, den er seinem Unternehmen bestimmte, war die Treppe, die zum großen Portal des Hauptgebäudes führte, und die Zeit der frühe Morgen, der jenem Tage folgte, an dem er dem Gott zuerst begegnet war, wie sich denn alles in wenigen Tagen abspielte. Die Treppe und das Hauptportal lagen im Schatten, der sich als schmales Band dem Hauptgebäude entlang über einen kleinen Teil des Platzes und der Menge legte. Die Menschen, die während der Nacht Spottlieder auf den Gott gesungen hatten, waren schon früh vor den Toren der Burg erschienen und hatten sich wild schreiend in das Innere des Hofes ergossen, dessen weite Fläche sie nun füllten, gleichgültig darüber, daß sie in der Gewalt der Legionäre waren, die das Volk mit bloßen Waffen umringten. Als er daher von seinen Gemächern die Halle erreicht hatte, sah er durch das geöffnete Tor den Gott und Barabas schon vor der Menge stehen, ein wenig erhöht, wie er es befohlen; doch schritt er ruhig aus der Dämmerung des Saales und trat unvermutet so mächtig in seinem weißen Mantel zwischen den Gott und den Verbrecher, daß der Pöbel unter seinem Blick versteinerte. Er sah gleichgültig auf die Menschen, die sich endlos vor ihm ausbreiteten, mit Köpfen, in denen die roten Augen wie rostige Nägel waren und schwarze Zungen schwer und unförmig zwischen gelben Zähnen lagen. Es war, als hätte die Menge nur ein Gesicht, welches das Gesicht aller Menschen zugleich war, ein ungeheures, drohendes Antlitz, dem die furchtbare Stille entströmte, die sich auf die Dinge gesenkt hatte, das sich nun dem Gott und dem Verbrecher gegenübergestellt sah, der Wahrheit und der Gewalt, und das nun mit einem einzigen gellen Schrei den Tod des Gottes forderte. Da nun der Gott dies alles duldete, befahl er einem Sklaven, eine Schale mit Wasser zu bringen, in der er zum Zeichen seiner Unschuld die Hände wusch, ohne sich weiter um die tobende Menge zu kümmern: Als er sich jedoch wandte und so das stumme Antlitz des Gottes sah, wußte er, daß ihn die Menge nicht entlasten konnte, da er allein die Wahrheit kannte. So war er gezwungen, eine Grausamkeit um die andere an Gott zu begehen, weil er die Wahrheit wußte, ohne sie zu verstehen, und er barg sein Gesicht in die Hände, die noch vom Wasser der Schale trieften.

Von nun an war es ihm, als würde er sich als ein Toter unter Toten bewegen. Er überprüfte die Vorarbeiten zur Kreuzigung und schaute zu, wie die Legionäre den Gott verspotteten. Er stand mit ruhigen Augen vor dem Gott, die gleichgültig an ihm hafteten; auch ließ er es zu, daß dem Gott eine Dornenkrone aufgesetzt wurde. Dann ließ er sich das Kreuz zeigen und befahl, das ungehobelte Holz vor ihm aufzurichten, worauf seine Hände sorgfältig über die Rinde fuhren. Wie er die Legionäre ausgewählt hatte, sah er dem Zuge nach, bis die Menschen im Burgtor verschwanden, die den Gott mit sich schleppten, der, unter das riesige Kreuz gepreßt, mitten in der Truppe hin und her wankte. Er wandte sich, ohne das Kind eines Sklaven zu beachten, das winselnd über den Hof dorthin lief, wo der Gott im Torbogen verschwunden war. Er kehrte in seine Gemächer zurück und ließ sich ein Mahl bereiten. Er lag unbeweglich am Tisch und hörte das Spiel lydischer Musikanten wie von ferne, die mit dicken Backen bliesen, während es jenseits der schweren Mauern, die seine Gemächer umschlossen, Nacht wurde. Die Sonne verfinsterte sich. Der Himmel wurde zu Stein, so daß die Menschen im Raume aufschreckten. Die Musikanten bewegten die Flöten von ihren bleichen Lippen und starrten mit großen, runden Augen nach den vergitterten Fenstern. Mitten im Himmel stand unbeweglich die tote Sonne ohne Licht in einer glanzlosen Fläche als ein riesenhafter Ball, der mit tiefen Löchern bedeckt war. Auch erfolgte ein Erdstoß, der alles übereinanderwarf, so daß sich die Menschen laut schreiend an die Erde preßten. Er wußte, daß nun der Gott mit schrecklichen Wundertaten vom Kreuz gestiegen war, um endlich seine Rache zu vollziehen. Er erhob sich und ging hinaus. Er ließ sein Pferd bringen und ritt mit wenigen Begleitern hinweg. Die Pferde waren scheu, als wären sie in großer Angst. Die Straßen der Stadt waren leer, hineingesenkt in eine zerstörte Erde, auf der ein Himmel lastete, in welchem es keinen Tag und keine Nacht mehr gab. Die Gesichter seiner Begleiter waren fahl und die Helme wie Schneckenhäuser auf den kahlen Köpfen, in denen die Augen ohne Licht steckten. Auch erschrak er, als er seine Hände sah; denn sie waren wie fremde Spinnen, die sich um die Zügel seines Pferdes schlossen. Sie ritten aus der Stadt gegen den Hügel, auf dem die Kreuze standen. Sie kamen an Menschen vorbei, die mit angezogenen Knien am Wege hockten und laut und schnell sinnlose Worte sagten. Einige warfen sich vor die Rosse, doch ohne Schrei, worauf sie zerstampft von den Hufen liegen blieben. Die Palmen waren in der Mitte geknickt und die Ölbäume zerfetzt. Die Gräber in den Felsen waren weit offen, so daß die Leichen heraushingen und die beinernen Hände wie Fahnen in der milchigen Luft waren. Scharen von Aussätzigen wankten in flatternden Mänteln wie schwarze Vögel heran, und ihre Stimmen wehten wie schrille Pfiffe vorüber. Der Pfad stieg die Felsen hinauf. Er war mit zerschmetterten Selbstmördern bedeckt, die sich von den Klippen geworfen hatten. Die Pferde wurden unruhiger, je näher sie der Stätte kamen, wo die Kreuze aufgerichtet waren, mit dem mittleren des Gottes, das leer und kahl in den Himmel ragen mußte, an das sich vielleicht der Gott selbst lehnte, nackt und schön, laut lachend, um den zu zerreißen, der nun heranritt. Noch immer stand die Sonne ausgebrannt und ohne Bewegung im Zenit, als gäbe es keine Zeit mehr. Auch hatte die Finsternis zugenommen, so daß er fast gegen das Kreuz prallte, das sich vor ihm steil in die Nacht hob, und nur mühsam stellte er fest, daß es das Kreuz des Gottes war. Schon wollte er sich abwenden, um weiter zu suchen; wie aber im Osten riesenhaft ein grüner Komet heraufzog, sah er, daß dieses Kreuz nicht verlassen war, wie er geglaubt hatte. Es waren die Füße, die er zuerst erblickte. Sie waren von einem Nagel durchbohrt, und wie sein Blick hinaufglitt, bog sich der Leib schwer mit langgezogenen Armen herab, die wild in den Himmel gereckt waren, und gerade über seinem Gesicht hing das tote Antlitz des Gottes.

Als aber nach drei Tagen der Bote früh am Morgen zu ihm gekommen war, der ihm gemeldet hatte, daß der Gott sein Grab in der Nacht verlassen, so daß dieses leer aufgefunden worden sei, ritt er sogleich dorthin und schaute lange in die Höhle. Sie war leer, und der schwere Stein, der sie bedeckt hatte, lag zerbrochen auf der Erde. Langsam wandte er sich. Ein Sklave aber stand hinter ihm, und der sah dann des Pilatus Gesicht: Unermeßlich war es wie eine Landschaft des Todes vor ihm ausgebreitet, fahl im frühen Licht des Morgens, und wie sich die beiden Augen öffneten, waren sie kalt.

Die Stadt

1947

*Aus den Papieren eines Wärters, herausgegeben von einem Hilfsbiblio-
thekar der Stadtbibliothek, die den Anfang eines im großen Brande
verloren gegangenen fünfzehnbändigen Werkes bildeten, das den Titel
trug: Versuch zu einem Grundriß.*

Wenn die langen Nächte heransteigen, in denen die Winde beschworen werden, daß sie heulend über die Erde irren, sehe ich wieder die Stadt vor mir, wie an jenem Morgen, da ich sie zum ersten Male in der Wintersonne ausgebreitet am Fluß erblickte, der nahen Eisbergen entspringt und sie lautlos tief unter den Häusern umgleitet, indem er eine seltsame Schleife bildet, die nur gegen Westen offen bleibt und so die Form der Stadt bestimmt: Die Berge aber lagen damals wie in weiten Fernen im Dunst als leichte Wolken hinter den Hügeln, von wo sie den Menschen nicht zu bedrohen vermochten. Sie war von wunderbarer Schönheit und oft durchbrach in der Dämmerung das Licht die Mauern wie warmes Gold, doch denke ich mit Grauen an sie zurück, denn ihr Glanz zerbrach, als ich mich ihr näherte, und wie sie mich umfing, tauchte ich in ein Meer von Angst hinab. Auf ihr lag ein giftiger Nebel, der die Keime des Lebens zersetzte und mich zwang, mühsam nach Atem zu ringen, von einem quälenden Gefühl befallen, als wäre ich in Gebiete gedrungen, die zu betreten dem Fremden untersagt sind, in denen jeder Schritt ein geheimes Gesetz verletzt. Ich irrte umher, von schweren Träumen getrieben, gehetzt von der Stadt, die jenen peinigte, der aus der Ferne gekommen war, bei ihr Zuflucht zu finden. Ich ahnte, daß sie sich selber genügte, denn sie war vollkommen und ohne Gnade. Sie stand unverändert seit Men-

schendenken und kein Haus verschwand oder kam
hinzu. Die Gebäude waren unabänderlich und keiner
Zeit unterworfen und die Gassen nicht winklig wie in den
andern alten Städten, sondern nach festen Plänen gerade
und gleichgerichtet, so daß sie ins Unendliche zu führen
schienen, doch gaben sie keine Freiheit, denn die niedrigen Lauben zwangen die Menschen, sich gebückt innerhalb der Häuser zu bewegen, der Stadt unsichtbar und
ihr so erträglich. Dann fiel es auf, wie vorsichtig sich die
Menschen mit langsamen, schleichenden Schritten in den
Gassen verhielten. Sie waren verschlossen und für sich,
wie die Stadt, in der sie lebten, und nur selten gelang es,
ein kurzes und hastendes Gespräch über gleichgültige
Dinge mit ihnen anzuknüpfen, und auch dann wichen sie
aus, wie im geheimen Mißtrauen, sich dem Fremden zu
offenbaren. Auch war es unmöglich, in ihre Häuser zu
dringen, in denen sie unbeweglich im Dunkeln einander
gegenüber saßen, mit weit geöffneten Augen und ohne zu
sprechen. Unter ihnen trieben tief unter der Oberfläche
die scheußlichsten Sekten ihr Wesen, ganz im Verborgenen und in einer Finsternis, vor der unser Schritt zurück-
weicht. Niemand kannte den Hunger, es gab weder
Arme noch Reiche, niemand war ohne Beschäftigung,
doch drang auch nie das Lachen der Kinder an mein Ohr.
Die Stadt umgab mich mit schweigenden Armen, die
Augen ihres steinernen Gesichts waren leer. Nie vermochte ich das Dunkel aufzuhellen, das über ihr als eine
dämmerhafte Menschenferne lag. Mein Leben war sinnlos, denn sie verwarf, was sie nicht benötigte, weil sie den
Überfluß verachtete, unbeweglich auf ihrem Fels ruhend,
umspült vom grünen Fluß, der in unendlicher Bewegung
vorüberglitt und nur im Frühling manchmal anschwoll,

um die Häuser zu bedecken, die tief unter der Stadt an seinen Ufern lagen.

Wir vermögen nur in die Spiegel der Qual zu blicken, wenn wir Vorkehrungen treffen, die unserer Natur Rechnung tragen. Wir brauchen immer wieder sichere Höhlen, in die wir uns zurückziehen können, und seien es auch nur jene des Schlafs; erst in den untersten Verliesen der Wirklichkeit werden uns auch die genommen. So war es vor allem mein Zimmer, dem ich vieles verdanke und in welchem ich immer wieder Zuflucht fand. Es lag jenseits des Flusses in der östlichen Vorstadt, die nicht zur Stadt gerechnet wurde. Es hatten sich dort Fremde angesiedelt, die jedoch keinen Verkehr untereinander pflegten, um der Verwaltung nicht aufzufallen. Viele von ihnen verschwanden im Verlauf der Jahre, ohne daß wir wußten, was mit ihnen geschehen war. Es gab zwar einige, die zu wissen meinten, daß sie von der Verwaltung im großen Gefängnis untergebracht worden seien, doch hörte ich nie Genaues über diese Gerüchte, wie auch niemand wußte, wo dieses Gefängnis gelegen sein konnte. Mein Zimmer befand sich im Dachstuhl eines Mietshauses, das sich von den übrigen Häusern der Vorstadt nicht unterschied. Die Wände waren zur Hälfte abgeschrägt und hoch, nur durch zwei Nischen im Norden und Osten unterbrochen, in denen die Fenster waren. An der großen, abgeschrägten Westwand befand sich das Bett und beim Ofen eine Kochstelle, auch waren noch zwei Stühle und ein Tisch im Zimmer. An die Wände malte ich Bilder, die nicht sehr groß waren, doch bedeckten sie mit der Zeit die Mauern und die Decke vollständig. Auch der Kamin, der mitten durch mein

Zimmer ging, war von oben bis unten mit Figuren
bemalt. Ich stellte Szenen aus unsicheren Zeiten dar,
besonders die großen Abenteuer der Menschheit. War
kein Platz mehr da für neue Bilder, fing ich an, jedes Bild
von neuem durchzuarbeiten und zu verbessern. Auch
kam es vor, daß ich in einer Art blinder Wut ein Bild
wegkratzte, um es noch einmal zu gestalten, die wahn-
witzige Beschäftigung meiner öden Stunden. Auf dem
Tisch befand sich Papier, denn ich schrieb viel, meistens
sinnlose Pamphlete gegen die Stadt. Auch befand sich auf
dem Tisch ein Leuchter aus Bronze (in einem Kehrichthaufen gefunden), in welchem eine Kerze brannte, denn
auch am Tage war das Licht schwach. Das Haus aber, in
welchem sich mein Zimmer befand, habe ich nie durchforscht. Wenn es auch von außen wie ein neuerer Bau
aussah, so war es doch innen alt und zerfallen, mit
Treppen, die sich im Dunkeln verliefen. Ich habe in ihm
nie Menschen gesehen, obgleich viele Namen an die
Türen geschrieben waren, unter ihnen auch der eines
Sekretärs der Verwaltung. Nur einmal habe ich es unternommen, die Klinke einer Türe niederzudrücken, die
unverschlossen war und in einen Gang führte, in welchem sich zu beiden Seiten Türen befanden. Es war mir,
als vernehme ich ein von weitem dumpfes Sprechen,
worauf ich wieder zurückwich und in mein Zimmer ging.
Das Haus gehörte der Stadt, denn oft kamen Beamte der
Verwaltung, doch verlangten sie nie Mietgeld, als wäre
ihnen meine Armut selbstverständlich. Es waren Menschen mit einem leisen Benehmen, in seltsamen Fellmüt-
zen und hohen Stiefeln, und nie waren es die gleichen, die
kamen. Sie sprachen von der Baufälligkeit des Hauses
und daß die Stadt es abbrechen würde, wenn nicht die

Wohnungsnot zu groß in den Vorstädten wäre. Auch kamen von Zeit zu Zeit Männer in dicken, weißen Mänteln, die Papierrollen unter dem Arm trugen und ohne ein Wort zu sprechen stundenlang mein Zimmer ausmaßen, worauf sie mit spitzen Federn in ihren Plänen kritzelten und Linien zogen, doch waren sie nie aufdringlich und fragten nie nach meiner Herkunft. Sie kamen jedoch nur in mein Zimmer und nicht in die anderen Räume des Hauses, denn vom Fenster konnte ich beobachten, daß sie von der Straße zu mir hinauf kamen und das Haus wieder verließen, wenn sie die Arbeit auf meinem Zimmer beendet hatten. Die größte Zeit des Tages aber verbrachte ich am östlichen Fenster, von dem ich auf die große Straße sah, über die des Morgens die Bauern auf ihren Karren fuhren, um von den Höfen auf die Marktplätze zu gelangen. Sie saßen ohne Bewegung und in sich versunken auf den Fahrzeugen, deren gewaltige Räder Mann und Wagen weit überragten, so daß die wechselnden Schatten der Speichen auf die Leiber fielen. Manchmal trieben sie mit kurzen Worten die Kühe an, die vor die Karren gespannt waren. Auch zogen oft Kettensträflinge vorüber, von untersetzten Wärtern mit kleinen gelben Gesichtern begleitet, die riesenhafte Peitschen schwangen, doch blickte ich tagelang nicht aus meinem Fenster, wenn ich sie gesehen hatte. Am meisten aber schreckte mich ein zum Tode Verurteilter, der über die große Straße geführt wurde, um irgendwo zu sterben. Er war mit dem Rücken an einen Pfahl gebunden, der auf einem langen und schmalen Karren aus Holz befestigt war, dessen Räder aus nicht ganz runden Holzscheiben bestanden, so daß sich das Fahrzeug seltsam schwankend über die Straße bewegte. Vor ihm schritt der Scharfrich-

ter in einem roten Mantel und einer gelben Maske. Er
trug das Schwert wie ein Kreuz, und schweigend schritten in langen, schwarzen Reihen die Richter. Der Verur-
teilte war hager und sang mit lauter Stimme ein eintöniges
Lied in einer fremden Sprache, das ich noch lange hörte,
und welches mich mit großer Trauer erfüllte.

Erbaut, damit wir uns selbst am Grunde der Schrecken
begegnen, lehrte sie mich, meine Grenze zu sehen, indem
sie ihre Größe offenbarte. Ich erfuhr meine Ohnmacht
durch ihre Macht und ihre Vollkommenheit durch meine
Niederlage. Wir sind Menschen, nicht Götter. Wir erlangen zuerst durch Erfahrung Einblick und dann erst durch
das Denken. Wir müssen gefoltert werden, damit wir
erkennen, und nur dem Schrei unserer Qual wird eine
Antwort zuteil. So mag es denn wohl in dieser Einsicht
der Verwaltung gelegen haben, daß ich den Aufstand des
Kohlenträgers straflos mitmachen konnte – wenn er
überhaupt beachtet wurde – mußte ich doch zuerst die
Stadt in ihren letzten Schrecken erfahren, bevor ich in
ihren Dienst treten, den Kampf beginnen, bevor ich ihn
aufgeben konnte: Daß aber jeder Kampf gegen die Stadt
hoffnungslos ist, erkannte ich erst, als die Rebellion an
einem Irren scheiterte, an einem schwachsinnigen Menschen, den ich vorher schon oft mit der lächerlichen,
steifen Fahne irgendeines Schützenvereins alter Zeiten
hatte durch die Stadt stampfen sehen, ein blödes Lächeln
in seinem fetten Gesicht unter dem verbeulten runden
Hut. Ich hatte damals mein Zimmer in der Vorstadt
verlassen, wie ich es oft in den weißen Mondnächten tat,
und war in einen Vorort eingedrungen, den ich selten
betreten hatte. Zwar waren es die gleichen eintönigen

Reihen der Mietskasernen, denen entlang ich wanderte, doch starrten sie mehr als in den anderen Vorstädten von Schmutz und Unrat. Ich sah in den dreckigen Höfen Liebespaare, die sich ineinander flüchteten, eins das andere umklammernd. Dirnen die sich für eine Kupfermünze verkauften, krochen wie Tiere herum, die Luft war erfüllt von ihrem krächzenden Geschrei. Ich schritt unter den erloschenen Reklamen der billigen Kinos hindurch, doch wurde die Vorstadt nun, wie ich weiter vordrang, öder. Ich gelangte zu den großen Plätzen, die in die Betonwürfel der Mietshäuser eingesprengt waren, Wüsteneien, auf denen sich der Schutt türmte und viele Stellen mit dichten Grasbüscheln bedeckt waren. Auf einem dieser Plätze, durch dessen Mitte zwischen ungeheuren Kehrichthaufen und zwischen verrosteten Karosserien alter Automobile, die wie grasende Tiere herumstanden, die Schienen einer Straßenbahn liefen, sah ich schon von weitem einen Mann langsam einen Tanz beginnen. Die schwerfällige Gestalt hob sich scharf von der weiten, wie mit vorzeitlichen Trümmern übersäten Fläche ab. Zuerst bewegten sich nur die kurzen, dicken Beine in unbeholfenen und spitzen Figuren, doch wurde der Tanz wilder, und als er die überlangen Arme breitete, die der Erscheinung etwas Gorillaartiges gaben, und als ein langer weißer Bart wie eine Glocke unter seinem Kinn schwang, erkannte ich, daß es der alte Kohlenträger war, sinnlos betrunken, der in der Nähe meines Zimmers wohnte. Ich sah dem Tanz des Alten zu und beobachtete seinen Schatten, der jede Regung des Leibes, der kurzen Beine und der langen Arme mitmachte und so die Bewegung im Raume auf der Fläche ergänzte. Ich bewegte mich unwillkürlich auf den Betrunkenen zu, auch bemerkte ich, daß von allen Seiten Menschen auf den Tanzenden zustrebten. Es waren Männer und Weiber, die in unordentlichen Kleidern kamen, ausgemergelte Gestalten, nach Fusel stinkend und wie aus einem bleiernen Schlaf geschreckt. Einige bemühten sich, den Tanz des Alten zu wiederholen, doch war kein Laut hörbar, obschon die Menschen so zahlreich wurden, daß sie nach und nach den Platz füllten, sich auf den Schutthaufen stauten und auf den Dächern der alten Automobile wie gespenstische Riesenvögel saßen. Auch sah ich nun das Gesicht des gewaltigen Alten deutlich, der nun, wie er seinen Tanz beendet hatte, sich kaum mehr auf den Beinen halten konnte: Es war starr und die blutunterlaufenen Augen gläsern. Schon wollte ich mich abwenden, um weiterzugehen, als die Menschen sich gegeneinanderschoben, so daß die zerlumpte Masse dicht zusammengedrängt wurde, um sich dann vorwärts zu bewegen. Ich befand mich nicht weit hinter dem Kohlenträger, der die Menge anzuführen schien, doch konnte ich nicht sehen, wohin wir schritten. Ich sah mich dicht von den gespensterhaften Gesichtern der Männer und Weiber umgeben, hineingetaucht in den Branntweinatem ihrer Münder, doch gelang es mir, wenn auch mit großer Mühe, mich aus dem Gedränge zu befreien, worauf ich neben dem Alten an der Spitze des Zuges zu schreiten kam, widerwillig und ohne Möglichkeit umzukehren. Noch immer war mir der Stadtteil fremd, doch sah ich an der Veränderung der Gebäude, daß wir gegen die Stadt vorrückten. Die Häuser schoben sich näher zusammen und begrenzten die Straße lückenlos, auch wurden sie niedriger und die Dächer breiteten sich weit über die endlosen Reihen der Schreitenden, die sich wie in Schluchten bewegten.

Die Menge zog ohne Laut durch Plätze und Gassen hinter dem Alten her, der hin und her torkelte, sich bald an mich klammerte, bald in jene zurückfiel, die in dichten Reihen hinter ihm herkamen und den Betrunkenen immer wieder nach vorne schoben, der nun mit einem Male zu lachen begann, laut und höhnisch. Es war ein meckerndes und trotziges Gelächter, in welches wir einstimmten, wie befreit, als wiche mit diesem Lachen die Furcht von uns, die wir der Stadt gegenüber hegten. Die Bewegung der Masse beschleunigte sich. Wir stürzten mit Johlen und schrillen Schreien, mit Flüchen und Hohnworten dahin, doch zeigte sich in diesem Augenblick still und schweigend die Stadt, und so furchtbar war der Anblick und von einer solchen Majestät, daß wir verstummten. Die Stadt lag jenseits des Flusses, den eine lange und schmale Hängebrücke überspannte. Sie lag weiß im Mondlicht als ein ungeheurer Gletscher, den blaue Schatten zerschnitten, geduckt auf dem zweizackigen Fels lastend: Den Fluß aber sahen wir nicht, da ihn ein milchiger Nebel bedeckte, so daß die Stadt wie auf Wolken zu schweben schien. Wir waren erstarrt und klammerten die Hände ineinander, doch der Alte begann über die Brücke zu gehen, worauf wir ihm folgten, von einer wilden Lust erfaßt, alles zu wagen. Die Brükke war so schmal, daß sich viele an das Geländer klammerten, um an ihm hinüberzuklettern, auch gab es solche, die in die Seile der Hängebrücke stiegen und den Übergang versuchten, weil sich alles fürchterlich staute, so daß die Menschen wie Trauben hingen, doch hatte niemand Furcht, obschon die Brücke heftig hin und her schwankte. Auch bog sie sich unter dem ungewohnten Gewicht nahe dem Flusse zu, seinen nächtlichen Wellen entgegen, eingedrückt von der Last des elenden Haufens, der über sie stürmte, worauf wir für Augenblicke im Nebel versanken und im Leeren zu schweben schienen, weil nun die Stadt nicht mehr zu sehen war. Endlich jedoch, wie wir dem Flusse so nahe gekommen waren, daß unsere Füße im Wasser standen und viele von den Wellen fortgerissen wurden, jämmerlich schreiend, hob sich, erleichtert, die Brücke in wildem Schwanken steil in die Höhe, und senkrecht über uns sahen wir die Stadt wieder, nun nahe, die uns mit Mauern und Türmen entgegendrohte, als wolle sie sich auf uns hinabstürzen, so daß wir uns unwillkürlich duckten. Doch wie wir nun immer mehr den Fels erkletterten, auf dem sie gebaut war, beruhigte sich die Brücke, ihr Schwanken verebbte, und ungehindert konnte sie nun der Rest des Haufens verlassen. Wir rückten gegen die Stadt vor und begannen durch ein halb zerfallenes Mauertor einzudringen, erst vorsichtig, dann entschlossener, obgleich es uns eigentlich noch nicht klar war, was wir wollten, wie denn dieser nächtliche Zug einer erbärmlichen, von Schmutz starrenden, zerlumpten und betrunkenen Menschenmasse planlos begonnen hatte und zuerst weniger einem Aufruhr glich als vielmehr dem hilflosen Ausdruck einer dumpfen Verzweiflung. Jetzt aber, da wir uns durch eine Gasse zwängten, die ins Innere der Stadt führte, wurden wir uns unserer Handlung bewußt, und immer mehr kam der Wille zur offenen Rebellion hoch. Die Häuser waren verwittert wie uralte Bäume und umgaben uns mit leeren Fenstern. Der Platz war aufgeworfen, auf dem wir uns zusammenrotteten, und in den tiefen Gräben lagen Röhren und Kabel frei, auch fiel der mächtige Schatten eines Turmes auf uns, hinter dem sich der Mond verbarg. Wir drangen in dichtem Keil aufs neue in eine Gasse. Seit wir die Stadt erreicht hatten, war kein Laut mehr gefallen. Unhörbar rückten wir über die Pflastersteine vor und bald sahen wir im vollen Lichte des Monds die Kathedrale von weitem über den Dächern, so daß wir uns nach ihr richten konnten. Nachdem wir von einem niedrigen Torbogen aufgenommen worden waren, ergossen wir uns so plötzlich in die Hauptstraße, die halb im Lichte des Mondes lag, der überaus grell hinter den Giebeln hervortrat, daß wir erschraken, doch faßten wir uns von neuem. Wir verfolgten zusammengedrängt die Straße aufwärts, während in unseren Blicken die wilde Begeisterung der Rebellen glomm. Der Strom der Menschen wälzte sich unaufhaltsam durch die Gasse, bald im Schatten der Häuser, die mit Giebeln und Lauben die Schreitenden gefangennahm, und bald im Silber der Nacht, welches wie Schnee über alles gebreitet war. Wir erreichten den Platz, der in der Mitte der Stadt an ihrem höchsten Punkte lag, wo sich der Fels spaltete und in einer senkrechten Schlucht steil nach unten fiel, in deren Tiefe, nur selten sichtbar, ein Nebenarm des Flusses schäumte. Wir waren entschlossen, unser Eindringen auszunutzen und die Verwaltung zu stürmen und auch vor einem Blutbad nicht zurückzuschrecken. Die Männer rissen Messer aus den Kleidern, einige Flinten und Beile wurden sichtbar. Wir schritten zusammengeballt über den Platz auf die Steinbrücke zu, die sich über den Abgrund spannte, auf deren Mitte, auf der Höhe ihres Bogens, wie wir nun mit einem Mal bemerkten, der Irre mit seinem runden Hut und seiner Fahne stand. Wir standen still und verharrten regungslos, eine zusammengeballte Menge, halb in das Licht eines gläsernen Vollmonds getaucht. Es war nicht der Anblick des Irren, der uns lähmte. Es war die Erkenntnis, die uns mit Grauen erfüllte, daß die Stadt uns so sehr verachtete, und daß sie ihres Sieges so sicher war, daß sie uns nichts anderes entgegensetzte als einen hilflosen Verrückten. Geduckt starrten wir nach der lächerlichen Gestalt. Die Fahne ragte regungslos entbreitet in die Nacht, und die Zeichen auf ihr waren im grellen Mond deutlich zu sehen. Wir erkannten, daß wir handeln mußten, und wußten, daß wir ohnmächtig waren. Da schritt der alte Kohlenträger, noch immer betrunken, auf den Irren zu. Der Alte ging langsam über die steinerne Brücke, sein riesenhafter Leib leuchtete wie Aussatz durch die Löcher seines zerfransten Kleides und sein langer, weißer Bart berührte in wilden Strähnen den gleißenden Boden; wie gewaltige Klöppel schwangen die dicken Arme; die mächtigen Schultern waren nach vorne geneigt: lauernd bewegte er sich gegen den Irren, der unbeweglich und blöde lächelnd mit seiner Fahne in der Mitte der Steinbrücke stand. Wie nun der Kohlenträger den Irren erreichte, wagten wir nicht mehr zu atmen. Der Verrückte blieb immer noch bewegungslos. Der Alte ergriff die Fahnenstange, die der Irre hilflos und treuherzig fahren ließ, auch vom Vorgehen des Kohlenträgers überrascht, wie wir deutlich sehen konnten, der nun die Fahne in hohem, lautlosem Bogen über das steinerne Geländer in den Abgrund warf, so daß es schien, sie entschwebe. Dies löste unsere Erstarrung, unsere Augen flammten von neuem auf, ein wilde Freude über die Niederlage des Irren stieg in uns auf. Schon wollte der Kohlenträger in einen Triumphtanz ausbrechen (die affenartigen Arme hatte er schon erhoben), schon wollten wir über die Brücke stürzen, entschlossen,

den Irren niederzustampfen, schon umklammerten
unsere Hände die Griffe der Messer und Beile, schon
öffneten sich unsere Münder, in wilde Flüche auszubre-
chen, als der Irre, der nun begriffen hatte, daß seine
Fahne verloren war, zu schreien begann. Es war ein
ungeheurer Schrei, der ohne Ende und ohne Unterbre-
chung war und aus der weiten offenen Höhle seines
Mundes kam. Der Schrei umklammerte alles, und die
Stadt schien in ihm mitzuschreien, einsgeworden mit
diesem Schrei, der die Sprache jener Dinge war, die uns
stumm umgeben und uns schweigend vernichten. Wir
wichen entsetzt zurück, um so mehr, da der Schrei nicht
schwächer wurde, sondern in gleichbleibendem schrillem
Strome aus diesem offenen Munde wie aus einer Wunde
quoll, so grauenhaft, daß wir den Zusammenlauf der
Wärter jeden Augenblick erwarteten. Doch blieb die
Stadt tot und leer, wie unbewohnt, und nur der Schrei
war da, dieser unbegreifliche, gleichbleibende Schrei, vor
dem die geduckte, zerlumpte Masse immer mehr zurückwich, nüchtern und bleich, um dann, wie der Schrei nicht
abnahm, von einer Panik ergriffen mit einem Mal davon-
zurennen, aufheulend in gigantischer Angst, Weiber und
Greise zertrampelnd. Ich stand allein auf dem Platz, der
mit Toten übersät war. Vor dem schreienden Irren stand
immer noch der riesige Kohlenträger auf der Brücke und
versuchte fieberhaft, den Schrei zu unterdrücken. Er
preßte ihm die Hände auf den Mund, doch unvermindert
quoll ihm der Schrei zwischen den Fingern hindurch,
und als der Alte verzweifelt seine Faust in den heulenden
Schlund des Irren stieß, war der Schrei immer noch da,
unvermindert, doch nun losgelöst vom Verrückten,
überall, im Geländer der Brücke, in den Giebeln der

Häuser, in den Chimären der Kathedrale, in der gleißenden Kugel des Monds, und dennoch war es der Schrei des Irren und kein anderer. Da ergriff der Kohlenträger den Irren, und wie sich die Leiber wild aufbäumten, und wie der Schrei immer noch zu hören war, rollten sie, eingewickelt in den weißen Bart des Alten, über das Steingeländer auf mich zu, doch erreichten sie mich nicht, sondern fielen seitwärts in die abenteuerliche Tiefe des Abgrunds, aus welchem immer noch der Schrei hallte.

Das Haus, in welchem ich mich melden konnte, wenn ich in den Dienst der Stadt treten wollte, befand sich nicht weit von meinem Zimmer in einer Gegend, die unübersichtlich war, obgleich sie äußerst regelmäßig geplant worden sein mußte. Doch hatte der Umstand die Übersicht wieder zerstört, daß man sie mit kleinen Beamtenhäuschen bebaute. Es mußten untergeordnete Angehörige der Verwaltung dort wohnen, die sich nicht in der Stadt selbst ansiedeln durften. Es waren niedere, rote Backsteinbauten, die alle einander gleichsahen und auch die gleichen, kleinen Gärten besaßen. Das Haus stand an einer der schnurgeraden Straßen, an einer Omnibushaltestelle, wie ich mich genau erinnere. Es war ebenfalls ein Beamtenhäuschen mit den üblichen zwei Birken an der Gartentüre, auch hier unterschied es sich nicht von den andern, deren kleinbürgerlichen Charakter es mit ihnen teilte. Seltsam kam es mir nur vor, daß mir ein Mädchen auf mein Klingeln hier die Haustüre öffnete. Es mochte nicht fünfzehn Jahre zählen und war von einer Frische, die den unangenehmen Eindruck des Flurs milderte, durch den es mich führte, der vom Boden bis zur Hälfte der Wand rotbraun und dann mit einem bläulichen Weiß

angestrichen war. Vor einer Türe preßte es mich an
seinen Leib und flüsterte Worte von einer erschreckenden Bedrohlichkeit in mein Ohr. Dann ließ es von mir
und öffnete die Türe (auch die war von rotbrauner
Farbe), so daß ich zurücktaumelte, weil das hereinbrechende Licht mich blendete, worauf ich nur allmählich
ein mittelgroßes Zimmer wahrnahm, in das ich geführt
wurde. In ihm waren geschmacklose Möbel, wie wir
solche oft bei Menschen bemerken, die rasch zu einem
großen Reichtum gelangt sind. Besonders war der starke
und süßliche Duft widerlich, der über allem schwebte,
doch wurde mein Blick nach der Mitte des Zimmers
gezogen, in der sich die Gegenstände, diese kitschigen
Kommoden und überladenen Buffets zu einer unförmigen Masse verdichteten. Es waren drei alte Weiber, die
auf dünnen, verbogenen Rohrsesseln um ein rundes
Tischchen saßen, auf dem sie Karten spielten und Tee aus
chinesischen Tassen tranken, und noch jetzt werde ich
von einem heftigen Ekel ergriffen, wenn ich mir diese
Wesen vor Augen halte, als wäre ich gezwungen, an
abenteuerliche Exkremente irgendwelcher Riesensaurier
der Vorzeit zu denken. Ihre Lippen waren mit blauer
Farbe geschminkt, aber es waren vor allem die hängenden
Wangen, die meinen Abscheu erregten, die fettig glänzten. Sie preßten die Köpfe eng aneinander, wodurch das
Unförmige ihrer Erscheinung hervorgehoben wurde,
welches noch durch die leichten Sommerkleider gesteigert wurde, die schlampig und von einem grellen Rot
waren. Sie begrüßten mich mit einem formlosen Redeschwall, ohne von den Karten zu lassen und ohne aufzuhören, riesige Torten- und Kuchenstücke mit klebrigen
Fingern in ihre Mäuler zu schieben. Indem ich ihren

schmutzigen Worten aufmerksam und mißtrauisch
folgte, wurde mir die Arbeit deutlich, die sie mir anbo-
ten. Ich vernahm, daß ich mich im Gefängnis der Stadt
befand, dem die drei alten Weiber als Vertreter der
Verwaltung zugeteilt waren, und daß ich hier meinen
Dienst als Wärter beginnen konnte. Sie wiesen auf das
Wesen der Bewachung hin, die sich im geheimen abzuspielen habe, so daß dieser Umstand es notwendig
mache, den Wärter nicht von den Gefangenen zu unterscheiden; der Dienst sei schwer, doch freiwillig, und ich
sei jederzeit in der Lage, auf mein Zimmer in der Stadt
zurückzukehren. Das Angebot war günstig und ich nahm
an. Sie ließen mir vom Mädchen die Kleider geben, die
den Wärtern zukommen, doch schlugen sie meine Bitte
ab, mich anderswo umkleiden zu dürfen, worauf ich
mich der Anordnung unterziehen mußte und mich vor
ihnen entkleidete. Es waren seltsame Kleider, die mir das
Mädchen überreichte, auf die in allen Farben fremdartige
Zeichen und Figuren gestickt waren, doch konnte ich
mich in ihnen frei und ungehindert bewegen. Dann ließen die drei Alten plötzlich von mir ab. Sie schienen mich
nicht mehr zu beachten und hatten sich wieder völlig dem
Spiel, den Kuchen und ihrem Tee zugewandt, als mich
das Mädchen aus dem Zimmer führte.

Es war eine andere Türe, durch die wir den Raum
verlassen haben mußten, denn ich befand mich nicht im
Flur wie kurz zuvor, als ich das Haus betrat, sondern vor
einer Treppe, die steil hinab führte. Obschon ich überrascht war, unterließ ich es nicht, das Mädchen nach
meinem Zimmer zu fragen, doch antwortete es nicht,
worauf ich ihm nach unten folgte. Nach kurzem Abstieg

gelangten wir in einen kleinen viereckigen Raum, der an einer Seite durch eine Flügeltüre begrenzt war, die aus Glas bestand, und in welchem sich ein hoher und schmaler Tisch mit halbverwelkten Geranien befand. Doch hielten wir uns nicht in diesem sinnlosen Raume auf, weil das Mädchen die Flügeltüre öffnete, die unverschlossen gewesen war. Es bot sich mir ein langer Korridor dar, der sehr schmal zu sein schien, doch täuschte dieser Eindruck, denn als ich mit dem Mädchen durch die blaue Dämmerung schritt, die ihn erfüllte, erwies er sich als sehr breit. Es führte mich zu einer schmalen Nische, in der sich eine Pritsche befand, wie ich tastend bemerkte, auf der ich Platz nahm. Ich sah dem Mädchen nach, das trällernd durch die Flügeltüre verschwand, wobei ich bemerkte, daß es die Türe unverschlossen gelassen hatte, da diese noch eine Zeitlang hin und her schwankte. Von der Pritsche aus konnte ich den Korridor übersehen, den ich um so besser betrachten konnte, als mich in der Nische eine undurchdringliche Finsternis umgab. Links von mir sah ich die Glastüre nur zur Hälfte, da ich den Kopf nicht aus der Nische zu strecken wagte. Sie war eine große Scheibe grünlicher Farbe, die durch das blaue Licht hervorgerufen wurde, welches von allen Seiten niederstrahlte. Am meisten beschäftigten mich die scheußlichen Figuren an den Wänden und der Decke, die nicht deutlich zu erkennen waren. Auch wurde ich auf eine Nische aufmerksam, die sich mir gegenüber in der anderen Wand des Korridors befand. Sie war von der gleichen hohen Form wie die meine und mündete ebenso in einen schmalen Bogen, von der selben Finsternis erfüllt, so daß die Nische als ein Fenster erschien, welches den Blick ins Leere gewährte. Dies nahm dem Raum die Schwere, die sonst Gebieten unter der Erde wesentlich ist. Auch entdeckte ich nach längerer Übung zwischen ihr und der Glastüre eine andere Nische von gleicher Gestalt und in entgegengesetzter Richtung unterschied ich fünf weitere mit Sicherheit. Tiefer vermochte mein Auge nicht zu dringen, denn die Formen verwischten sich, auch nahm dort das blaue Licht das Wesen eines dichten Nebels an. Indem ich den Gang aufmerksam beobachtete, wurde ich darüber in Unruhe versetzt, daß niemand kam, mich in meine Aufgabe einzuführen (die doch schwer sein sollte), doch wagte ich nur allmählich, meine Lage zu überdenken. Daher kam der Gedanke als eine Erlösung, meine Nische sei das Versteck des Wärters, so daß es überflüssig sei, mich in etwas einführen zu lassen, welches sich von selbst so mächtig aufdränge. Es wurde mir klar, daß der Gang zu den Zellen der Gefangenen führen mußte, und daß nur seine außergewöhnliche Anlage mich verführt hatte, am Sinn des Ganzen zu zweifeln. Ich erkannte mit nicht geringem Stolz, daß mir die Verwaltung den entscheidenden Posten beim Ausgang zugewiesen hatte, eine Schlüsselstellung, in welcher sie nur einen ganzen Mann brauchen konnte, war doch die Glastüre offengelassen worden, ein Zeichen des unbegrenzten Vertrauens, welches meinen Fähigkeiten entgegengebracht wurde. Doch machte ich gleich darauf eine Entdeckung. Ich spürte, daß ich beobachtet wurde. Es war nicht so, daß ich ein Geräusch vernommen oder jemanden gesehen hätte, es war das unmittelbare Wissen der Wahrheit, welches keiner Mittel und keiner Beweise bedarf. Es wurde mir bewußt, daß in der Nische vor mir ein Mensch saß, der mich mit weit aufgerissenen Augen regungslos anstarrte.

Es war mir unmöglich, die Nacht zu durchdringen, die mich umgab, doch war es gewiß, daß er dorthin starrte, wo er meinen Aufenthalt vermutete, denn er mußte von meinem Dasein wissen, da er mich ja hatte kommen sehen. Ich blickte nach dem Spalt vor mir, der leer war und dunkel, in welchem er auf einer Pritsche sitzen mußte wie ich, in der gleichen angespannten Stellung, mit dem gleichen angehaltenen Atem. Ich fühlte ihn mit den Augen und tastete in Gedanken sein bleiches, unsichtbares Antlitz ab mit den zusammengepreßten Lippen, den Rillen der Haut und den Höhlen, in denen die Angst nistete (da er nicht wußte, daß ich ohne Waffe war). Ich erkannte, ohne zu sehen, daß in allen Nischen Menschen saßen, umhüllt vom Schweigen der blauen Nacht dieser Grotte, Gefangene, Verbrecher, Rebellen (vielleicht war auch der Kohlenträger einer von ihnen), die gebannt nach meiner Nische starrten, von der sie wußten, daß sich dort ihr Wärter befand, den sie fürchteten, und diese Furcht erfüllte alles wie ein lähmendes Gift. Es erfaßte mich eine wilde Freude, die einem jähen Gefühl unermeßlicher Macht entsprang, die mich zum Gott der Kreaturen machte, die vor mir in ihren Nischen zitterten. Mich überkam die Lust, durch den Korridor zu schreiten, damit alle mich sähen, und ewig so zu schreiten, auf und ab, ohne Pause, mit gleichmäßigen Schritten, an jenen vorbei, die in ihren Nischen kauerten, wie gefangene Tiere, eingesperrt in ihre Käfige, die Hände in die Strohmatratzen der erbärmlichen Pritschen verkrallt, auf denen sie saßen. O, ich wollte sie zähmen! Daß ich dies nicht tat, daß ich nicht aufsprang und auf und ab ging, pausenlos, sondern in meiner Nische blieb, war die Schuld eines Gedankens, der unabsichtlich in mir aufge-

taucht war und immer lästiger wurde, je weniger ich ihm
glaubte, denn es war mir von allem Anfang an klar, daß
mich nur eine ebenso unsinnige wie unbegründete Idee
quälte: Ich erinnerte mich, daß ich von den Gefangenen
nicht unterschieden werden konnte, weil unsere Kleider
gleich waren (nach den Worten der drei Alten); doch
nicht dies beunruhigte mich, sondern der Verdacht, der
nun in mir aufstieg, daß ich ein Gefangener wie alle
andern sei, ein Gedanke, der, so absurd er auch war, mir
immer wieder kam und dem Mißtrauen entstammen
mußte, welches mir die drei Weiber durch ihr schreckli-
ches Aussehen natürlicherweise eingeflößt hatten: Ein
um so unverzeihlicherer Verdacht, da in ihm der pri-
mitive Denkfehler enthalten war, der aus mangelhaften
Gliedern auf Mängel des Ganzen schließt: Als läge der
Sinn der Verwaltung darin, vollkommene Beamte zu
besitzen. Wohl mochte es sein, daß ich wie jene gekleidet
war, die sich mit mir in diesem Gang befanden (die Alten
konnten ja auch in ihrem Übermut, vom Tee und den
Kuchen in gute Stimmung versetzt, nur einen Spaß
gemacht haben), doch nur um fähig zu sein, meine Macht
im Unsichtbaren und so ungeschmälert auszuüben, wie
es die Alten angedeutet hatten. Die Gefangenen wußten,
daß sich unter ihnen ein Wärter aufhielt, doch kannten
sie ihn nicht, denn wer auch zu ihnen gebracht wurde,
hatte das gleiche Kleid wie sie. Mein Irrtum war nur
gewesen, anzunehmen, die Gefangenen wüßten, daß ich
der Wärter sei, den sie fürchteten, da sie doch in mir nur
einen möglichen Wärter sehen konnten und nicht mehr,
was wiederum ihre Lage verschlimmerte. Ich war froh,
mich nun nicht durch Aufstehen und Herumgehen als
einziger Wärter unter so vielen Gefangenen verraten und

mich der Chance beraubt zu haben, im Falle des Aus-
bruchsversuchs irgendeines Verbrechers oder Rebellen
(zum Beispiel des Kohlenträgers) unverhofft, und dies
unmittelbar vor dem Ausgang, eingreifen zu können.
Zwar war es möglich, daß es noch andere Wärter gab,
und es waren Gründe vorhanden, solches anzunehmen.
Aber diese stellten Vermutungen dar, Hypothesen, die
nicht zu beweisen waren, und es mußte in einem höchsten Sinn töricht sein, über diese Probleme nachzudenken, denn die Tatsache, daß ich ein Wärter war, blieb
eine Wahrheit, die nicht in Frage gestellt werden konnte.
Wohl mochte meine Stellung unter den Wärtern nicht
eine so hervorragende sein, wie ich zuerst angenommen
hatte, sie konnte geradezu von einem untergeordneten
Rang sein – ich war ja auch erst eingetreten –, aber
dennoch war sie eine überaus wichtige, da in einer abso-
luten Ordnung alles bedeutend ist, so daß ich uner-
schrocken in die blaue Dämmerung schaute, die im
Unendlichen versank. Manchmal kam es mir vor, als
wären schwere Atemzüge vernehmbar, dann aber, wie
ich hinhorchte, blieb alles still. Ich erschrak jedoch heftig, als ich ein leises Geräusch hörte, welches von der
inneren Wand meiner Nische stammte, von wo ich keine
Gefahr befürchtet hatte. Als ich mich vorsichtig wandte,
stieß ich an einen Teller, der Fleisch enthielt und auf
irgendeine Weise in meine Nische gebracht worden war.
Ich aß vorsichtig und lautlos, doch fiel ich darauf ermü-
det in einen Halbschlaf, um dann hell wach zu werden,
von einer jähen, unerklärlichen Angst befallen, die ihren
Grund nur in der Ungewißheit meiner Stellung und
Aufgabe in diesem Gefängnisraum haben konnte und
mich immer wieder überfallen mußte, wenn es mir nicht

gelang, Klarheit zu schaffen. Da die Verwaltung mir nicht entgegenkam – wie sollte sie, mit der Organisation der Stadt beschäftigt, auch Zeit dazu finden! – mußte ich mir selber helfen. Ich hoffte, von sicheren Anhaltspunkten aus allein durch mein Denken völlige Gewißheit über meine Lage erlangen zu können. Es fiel mir auf, daß ich nur die eine Seite des Ganges übersehen konnte. Ich begann zu überlegen, ob sich auch in meiner Wand Nischen befänden. Auch stellte sich die Frage nach der Anordnung jener Nischen, in der sich die Wärter befanden – falls ich mehrere Wärter annehmen mußte –, doch war es am besten, zuerst die allgemeine Anordnung aller Nischen zu finden. Die mir gegenüber liegende Wand gab Aufschlüsse von größter Wichtigkeit. Die Nischen waren dort in immer gleichen Abständen voneinander entfernt, und der Umstand, daß ich mich gegenüber einer Nische aufhielt, ließ darauf schließen, daß auch jene meiner Wand sich so verhalten mußten. Ich dachte mir deshalb die Nischen symmetrisch angeordnet, indem der unterirdische Gang die Achse darstellte. Dieser Schluß schien gewagt, doch ging es mir noch nicht um den Grundriß der gesamten Anlage – den zu entwerfen in diesem frühen Zeitpunkt eine haltlose Spekulation gewesen wäre –, sondern nur um die Beschaffenheit des Teils, der mir vor Augen lag; ich mußte darauf achten, in meinen Untersuchungen lückenlos vorzugehen. Zwar konnte ich mir nicht verhehlen, daß ich notgedrungen von gewissen Punkten ausgehen mußte, die nicht zu beweisen waren. So hinderte mich etwa nichts, die Nischen für unbewohnt zu halten, hatte ich ja ein Gegenüber oder irgendeinen anderen Menschen nie gesehen. Daß ich dies dennoch nicht tat, lag in einer Wahrheit, die ich fühlte: Ich wußte einfach, daß in allen Nischen Menschen kauerten. Wenn ich mir nun die Anordnung der Nischen symmetrisch dachte (mit dem Gang als Achse), so war damit die Wahrheit noch nicht ausgemacht, doch wiesen bestimmte Momente darauf hin, daß meine Folgerung wahrscheinlich war. Vor allem mußte es auffällig sein, daß, zwischen der Nische, die mir gegenüber lag, und der Glastüre, in der andern Wand des Ganges noch eine Nische war. Dieser kam sowohl für die Anordnung der Nischen als auch für die Verteilung der Wärter eine entscheidende Bedeutung zu. Es lag auf der Hand, daß von ihr aus der Ausgang schneller zu erreichen war, als dies von der meinen möglich sein konnte. In ihr nahm jemand mir gegenüber eine bessere Stellung ein als die Bewohner der anderen Nischen, die an mir vorbei mußten, wenn sie den Ausgang erreichen wollten. Es schien sich hier eine leise Benachteiligung meiner Stellung abzuzeichnen, die mich mißtrauisch machte, weil die Anlage der Nische so vollkommen war, daß ich darin eine bestimmte Absicht vermuten mußte. Diese Überlegung brachte mich auf den Verdacht, es könnte sich in dieser Nische ein Wärter aufhalten, was insofern nicht ohne Schwierigkeit war, als dieser Wärter – vom Plan des Ganzen aus gesehen – überflüssig gewesen wäre, wenn sich meine Nische der Glastüre am nächsten befunden hätte. Wenn ich dort einen Wärter annehmen mußte, wurde meine Stellung fragwürdig und erschien in einem gewissen Sinne unnötig. Dies wollte ich jedoch nicht annehmen, weil dies nicht nur den Worten der drei Alten widersprochen (die allerdings nicht recht vertrauenswürdig waren), sondern auch die Frage wieder aufgeworfen hätte, ob ich nicht selbst ein Gefangener sei und meine

Stellung als Wärter nur eine Fiktion, mit der mich die
Verwaltung täuschte. In diese Schwierigkeiten verstrickt,
wurde mir mit einem Male die Anlage der vier Nischen
zunächst der Glastüre verständlich: In der gegenüberlie-
genden Wand befand sich der Wärter in der Nische
nächst der Türe und ihm gegenüber, auf meiner Seite des
Ganges und daher unsichtbar, mußte eine Nische sein, in
der sich ein Gefangener aufhielt. Auf meiner Seite der
Anlage war der Ort des Wärters durch meine Person
gegeben, und mir gegenüber ein Gefangener (der mich
unbeweglich belauerte), so daß in diesen vier Nischen
Wärter und Gefangene sich zwar gegenübersaßen, aber
so, daß sich auf jeder Seite der Wand je ein Wärter und
ein Gefangener in ihren Nischen aufhielten. Natürlich
war es auch möglich, daß sich in der mir unsichtbaren,
nur gedachten Nische nächst dem Ausgang ein Wärter
und nicht ein Gefangener befand und der Gefangene
umgekehrt in der sichtbaren Nische kauerte, wie sich
überhaupt verschiedene Kombinationen ergaben, die alle
gleich zwingend waren. Auch kam ich immer wieder –
wenn auch gegen meinen Willen – auf den Punkt zurück,
der diese kühnen Systeme, mit denen ich die Wahrheit zu
ergründen suchte, von der Frage abhängig machte, ob ich
ein Wärter oder ein Gefangener sei. Ich hätte zwar ohne
weiteres zur Glastüre (sie schien ja unverschlossen) und
hinauf zu den drei Alten bei ihren Karten und Kuchen
gehen können, doch war es natürlich so, daß sich ein
solches Vorgehen, kaum hatte ich die Stellung eines
Wärters erhalten – und es war schließlich eine nicht
unbedeutende Vertrauensstellung –, nun wirklich nicht
gut schickte. Die Frage, auf die es mir ankam, war ja auch
mehr logischen Überlegungen entsprungen und damit

überspitzt, sie bestand mehr der theoretischen Möglichkeit nach als der Wirklichkeit. Es war daher besser, den Versuch zu wagen, unbemerkt zur Türe zu gelangen. (Sie konnte ja vielleicht jetzt verschlossen sein.) Erwies sie sich als unverschlossen – und es bestand kein Grund, das Gegenteil anzunehmen –, konnte ich immer noch zu den fürchterlichen drei alten Weibern hinaufsteigen als der einzigen Instanz der Verwaltung, die in Frage kam – andere Beamte hatte ich ja nie kennengelernt, weder hier noch je zuvor. Mein Gewand gab mir Hoffnung, das Unternehmen durchführen zu können. Ich erinnerte mich, daß mein Kleid Zeichnungen aufwies, die den Figuren an den Wänden des Ganges glichen. So war die Möglichkeit gegeben, mich unbemerkt gegen den Ausgang zu bewegen, indem ich mich nahe der Wand hielt. Ich wußte zwar, daß meinem Bestreben jene Nische ein unüberwindliches Hindernis entgegenstellen konnte, die ich zwischen mir und der Glastüre annahm, doch war es gerade ein leiser Zweifel an der Richtigkeit meiner Berechnung, der mich bestimmte, dieses Wagnis zu unternehmen. Ich begann mich mit Bewegungen aus der Nische zu schieben, die unendlich langsam waren und Stunden in Anspruch nahmen. Dann stand ich im Gang, indem ich mit ausgebreiteten Armen und gespreizten Fingern mit dem Rücken an die Mauer lehnte. Doch überraschte mich eine Eigenschaft der Wand, die ich nicht vermutet hatte. Die Wand verlief nicht gerade, wie ich angenommen hatte, sondern bog sich zu eigenartigen Kurven und Wölbungen, die meinen Weg verlängerten. Auch bestand sie aus einem Material, das ich zuerst nicht erkannte, es erwies sich aber als eine Art körniges Glas. Die Figuren auf der Wand waren grauenvolle Dämonen und abstrakte Ornamente in willkürlicher Reihenfolge, so daß ich mich wie in einem Dickicht bewegte, doch war ich sicher, daß ich nicht gesehen werden konnte, denn es kostete mich Mühe, meinen Leib zu verfolgen, so sehr war er durch das Kleid mit der Mauer verbunden. Auch mein Gesicht und meine Hände mußten unsichtbar sein, denn überall befanden sich große helle Flecken und durch das konfuse Licht wurde jeder Körper in eine Fläche verwandelt, weil der Schatten fehlte. Ich bewegte mich langsam gegen die Glastüre und mußte mich ungefähr halbwegs zwischen meinem Ausgangspunkt und der Stelle befinden, wo ich die nächste Nische vermutete, als ich mit der linken gespreizten Hand, die ich weit von mir mit der Fläche nach innen eng an die Mauer gepreßt hielt, an einen Gegenstand stieß. Diese Berührung war fast unmerklich, ich glaubte aber eine leise Erschütterung des Gegenstandes gefühlt zu haben, der sich darauf ruhig verhielt. Doch war es mir vorgekommen, als hätte er gegen die Spitzen meiner Finger einen leisen Druck ausgeübt. Ich wandte den Blick gegen die Glastüre, die ich nicht sehen konnte, weil ich mich nahe der Tiefe einer großen Einbuchtung befand. Auch waren in ihr Götzen mit Tierköpfen abgebildet, die mich mit grünen Augen anglotzten. Ich vermochte im Gewirr der Formen kaum meine Hand zu unterscheiden, die mir als ein unwirkliches Gebilde vorkam, wie ich sie erblickte, so sehr war das Bewußtsein verschwunden, daß sie mir zugehörte, und es war, als hätte ich jede Macht über sie verloren. Ich schaute angestrengt nach ihr, indem ich das Gesicht an die Wand preßte, um zu erkennen, was ich berührt hatte. Die Stelle der Mauer, auf der meine Hand lag, war dicht mit Linien überzogen, auch befand sich nicht weit von ihr ein Scheusal mit unzähligen Armen, so daß es unmöglich schien, einen Gegenstand von der Wand zu unterscheiden, der sich an ihr befunden haben könnte. Es ergriff mich daher ein jähes Entsetzen, als ich eine fremde Hand erblickte, die an die meine grenzte. Sie konnte nur einem Menschen angehören, der nicht weit von mir an der Mauer stehen mußte. Es war eine kleine und fleischige Männerhand mit zarten Fingern und überaus weißer Farbe, an denen die Nägel lang und schmal waren und über meine Nägel herausstanden, da sie die meine mit den Fingerspitzen berührte, so daß beide Hände ineinander verwachsen schienen. Ich verhielt mich unbeweglich und versuchte mit größter Vorsicht und Geduld der fremden Hand zu folgen, die losgelöst von jedem Leibe an der Mauer klebte. Auch stimmte mich nachdenklich, daß die Hand mit der Fläche gegen die Mauer gekehrt war. Dies erweckte in mir den Verdacht, der Fremde könnte in einer Stellung verharren, die der meinen ähnlich war. Ich richtete meinen Blick höher und erblickte nach langem Forschen, wo die Wand sich gegen außen wölbte, wie zufällig das Gesicht eines Mannes, der mir mit so großen Augen entgegenstarrte, als hätten sich unsere Blicke gleichzeitig getroffen. Es war ein schmales Antlitz und von einer Form, wie ich es nie zuvor gesehen hatte, auf dem jede Linie und Falte der Haut deutlich sichtbar war. Die Lippen waren verzerrt, auch konnte ich zwischen ihnen kleine, spitze Zähne bemerken, die sich eng aneinander drängten, und ich entsinne mich eines beständigen, unsinnigen Dranges, sie zu zählen, wobei ich mich stets aufs neue verwirrte. Doch waren es dann die Augen, die mich wieder in Bann zogen, die in ihren Höhlen vor Entsetzen zu leuchten schienen. Darauf entschwand

er meinem Blick, doch vermag ich nicht zu sagen, wer
von uns sich fortbewegte, es mag sein, daß sich die Lage
meiner Augen unmerklich verändert hatte, so daß sich
der Fremde in den Linien der Wand verlor, vielleicht
auch, daß er es war, der sich entfernte. Ich schob mich
daher mit vorsichtigen Bewegungen, die Stunden dauer-
ten, in meine Nische zurück, wo ich erst meine neue
Lage zu überdenken vermochte.

Daß der Mensch, den ich gesehen hatte, der Bewohner
jener Nische gewesen war, die mir unsichtbar blieb,
schien mir unzweifelhaft und erfüllte mich mit einem
gewissen Stolz, da ich doch eine Wahrheit bestätigt fand,
die allein durch Überlegung gefunden worden war (wenn
auch der teuflische, doch unbegründete Verdacht mit
einem Male in mir aufstieg, ich hätte nur mein Spiegelbild
gesehen, da doch die Wände der Grotte aus Glas bestanden). Konnte ich deshalb mit einigem Recht annehmen,
dieser Mann mit den vor Entsetzen weit offenen Augen
und den spitzen, gedrängten Zähnen sei wirklich gewesen
(auf meinen neuen Verdacht will ich erst später einge-
hen), so mußte es damit auch wahrscheinlich sein, daß er
ein Wärter war, da er sich nach innen bewegte, um mir
begegnen zu können, und ein Gefangener doch wohl die
Tendenz haben müßte, nach außen zu schleichen, um die
Flucht zu versuchen. Eine Tatsache, die wieder meine
Position als Wärter in Frage stellen mußte. Natürlich
wäre es leicht gewesen – ich muß immer auf diese Möglichkeit zurückkommen –, einfach zu den drei alten
Weibern hinauf zu steigen, um die Wahrheit zu erfahren.
Ich hätte aufspringen können, um die kurze Strecke – es
waren nur einige Meter – bis zur unverschlossenen Glas-

türe zu durcheilen, ich hätte diese aufreißen können, um
in rasendem Lauf das Gefängnis zu verlassen, gewiß, ich
hätte dies tun können, und es war nichts, welches darauf
deutete, daß dies unmöglich gewesen wäre: Doch war
wieder zu bedenken, daß dann, gesetzt, die drei fetten,
schwammigen Scheusale mit den blau geschminkten Lippen, den schmierigen Fingern und den hängenden Wangen hätten mich nicht freigelassen (nicht etwa, daß ich im
entferntesten an eine solche Schändlichkeit glaubte), die
Wahrheit, ein Gefangener zu sein und nicht ein Wärter,
die Hölle bedeuten müßte. Denn wer vermöchte dann in
diesem Gang zu leben, der sich still im Bauch der Erde
verliert, angefüllt mit blauem Licht, welches die wilden
Gesichter der Wände bescheint, wo wir kauern müßten,
jeder in seiner Nische, Mensch an Mensch gereiht, ohne
einander zu erblicken, kaum daß von weither ein Atem
uns streift, jeder hoffend, daß er ein Wärter sei und die
andern die Gefangenen, daß ihm die Macht zukäme, dort
der erste zu sein, wo nur wesenlose Schatten einander
gegenübersitzen, zu ehernem Kreis gezwungen? Dies
war doch wohl undenkbar. So war mir denn der Gedanke
tröstlich, daß ich nur dann mein schweres Amt eines
Wärters werde zur Zufriedenheit meiner Vorgesetzten
ausüben können, wenn ich ihrer Versicherung, ich sei
frei, unbedingtes Vertrauen entgegenbrachte (wenn auch
der Grund dieses Vertrauens – und dies macht die Größe
der Stadt aus – nicht Glaube ist, sondern Angst). Doch
kam mir an diesem Punkt meiner Überlegungen die
entscheidende Idee (die kopernikanische Wendung
gleichsam): Ich mußte die Anordnung der Wärter anders
denken. Ich mußte ...

*Aus den Papieren
eines Wärters*

1952

Die hinterlassenen Papiere eines Wärters, herausgegeben von einem Hilfsbibliothekar der Stadtbibliothek

Ich halte es für nötig, an dieser Stelle beizufügen, daß es nicht etwa ein mystisches Gleichnis ist, das ich hier aufzeichne, eine Art Beschreibung symbolischer Träume eines Sonderlings, sondern daß ich hier nichts anderes als die Wirklichkeit der Stadt darstelle, ihre tatsächliche Realität und ihr tägliches Antlitz. Es wäre hier einzuwenden, daß mir zur Darstellung der Realität die Distanz und damit der Glaube fehle, denn es sei vor allem der Glaube, der uns befähige, die Wirklichkeit richtig zu sehen und zu beurteilen, nun sei ich ein Wärter, und gerade als solcher könne ich unmöglich mehr eine Distanz und einen Glauben haben. Diesen Einwand zu widerlegen, bin ich nicht in der Lage. Ich bin ohne Glauben, und ich bin ein Wärter und als solcher sicher den geringsten Angestellten der Stadt zugeteilt, aber dennoch ihr Angestellter und damit – ich schreibe dies nicht ohne Stolz, denn es ist das Besondere meiner Lage – im Verhältnis zu dem, was ich war, als ich die Stadt betrat, unendlich mehr. Damals war ich ein Fremder, und als Fremder war ich im Verhältnis zu ihr unendlich weniger als ein Wärter. Dies ist meine Geschichte, wie ich in ein Verhältnis zur Stadt kam und wie ich Wärter wurde: wer eine Geschichte hat, besitzt auch Wirklichkeit, denn eine Geschichte kann sich nur vor einer Wirklichkeit abspielen. Die Geschichte der Stadt darzustellen, ist jedoch nicht meine Aufgabe, das ist mir als Wärter auch ganz unmöglich, denn für mich kann die Stadt nicht etwas historisch Gewordenes sein, sondern der Hintergrund, von dem sich mein Schicksal wie von einer flammenden Wand abhebt. Ich will damit natürlich nicht leugnen, daß es ungeheure geschichtliche Entwicklungen gewesen sind, die die Stadt ins Leben riefen und nach und nach ihre Gesetze geprägt haben, wie hinter dem Diamanten ja gleichsam die Entwicklung der Erde selbst steht, diese kaum zu ahnende Geschichte unermeßlicher Vorgänge. Wie sollten wir aber je Einblick in die Entwicklung der Stadt erlangen können, wenn uns der Einblick in ihre Ordnung verwehrt ist? Wir sind zwar alle von ihr bestimmt und eingeordnet nach dem Grade unserer Fähigkeiten, ja unserer Laster, aber keinem von uns hat sich ihre Ordnung bis in die letzte Klarheit dargestellt, wie ein Abgrund, der nie ganz zu erhellen ist. Die jedoch, denen ihr Rang vielleicht ein größeres Wissen gibt, sind für uns unerreichbar, denn wir gehören der untersten Verwaltungsstufe an. Doch kennen auch sie nur die Oberfläche und nicht das Zentrum der Schrecken, in welchem wir unsere Pflicht erfüllen, so daß wohl niemand Oben und Unten zugleich überblickt. Doch möchte ich hier nicht weitersprechen. Ich bewege mich in Gebieten, die sich der Darstellung entziehen; wie ich denn die folgenden Zeilen nur zögernd und unter großen Schwierigkeiten niederschreibe, denn die Stadt ist nur Wirklichkeit und nichts anderes. So geschieht meine Geschichte denn nicht in einem symbolischen Raum des Geistes oder im unendlichen des Glaubens und der Liebe, der Hoffnung und der Gnade, sondern in dem wirklichen, und wer hätte mehr Wirklichkeit als die Hölle, wer mehr Gerechtigkeit, und wer ist so ohne Gnade wie sie?

Wenn droben die langen Nächte heransteigen, in denen die Winde heulend über die Erde irren, sehe ich wieder die Stadt vor mir, wie an jenem Morgen, da ich sie zum ersten Male, in der Wintersonne ausgebreitet, am Fluß erblickte. Die Stadt schien von wunderbarer Schönheit, und in der Dämmerung durchbrach das Licht die Mauern wie warmes Gold, doch denke ich mit Grauen an sie zurück, denn ihr Glanz zerbrach, als ich mich näherte, und wie sie mich umfing, tauchte ich in ein Meer von Angst hinab. Auf ihr schienen giftige Gase zu liegen, welche die Keime des Lebens zersetzten und mich zwangen, mühsam nach Atem zu ringen. Dann gab es Stunden, in denen ich ahnte, daß die Stadt sich selber genügte und den Menschen mißachtete. Ihre Straßen waren nach festen Plänen gerade und gleichgerichtet oder durchschnitten von bestimmten Plätzen aus strahlenförmig die grauen Wüsteneien der Häuser. Die Gebäude waren alt und baufällig, manchmal an den Plätzen von öden, neueren Häusern abgelöst, doch wirkten gerade diese Riesenbauten am altertümlichsten. Die Paläste waren zerfallen und die Regierungsbauten verwahrlost und in Wohnblöcke umgewandelt, die Fenster der leeren Geschäfte zerschlagen. Noch standen einzelne Kathedralen, doch auch sie stürzten unaufhaltsam zusammen. Der Kranz der rauchenden Schlote und der langsam und sinnlos sich drehenden Riesenkrane war unübersehbar. Die Wolken standen unbeweglich über dem Gewirr von Mauern und Eisen, der Rauch der Kamine stieg senkrecht in das Blei des Himmels. In den Wintern kam lautlos der Schnee als eine reine Decke, doch auch er wurde grau und schwarz. Niemand kannte den Hunger, es gab weder Reiche noch Arme, niemand war ohne Beschäftigung, doch drang auch nie das Lachen der Kinder an mein Ohr. Die Stadt umgab mich mit schweigenden Armen, die Augen ihres steinernen Gesichts waren leer. Nie vermochte ich das Dunkel aufzuhellen, das über ihr als eine dämmerhafte Menschenferne lag. Mein Leben war sinnlos, denn sie verwarf, was sie nicht benötigte, weil sie den Überfluß verachtete, unbeweglich auf dieser Erde ruhend, umspült vom grünen Fluß, der in unendlicher Bewegung ihre Wüsten durchfloß und nur im Frühling manchmal anschwoll, um die Häuser zu bedecken, die an seinen Ufern lagen.

Erbaut, damit wir uns selbst am Grunde der Schrecken begegnen, lehrte sie mich, auch im Kleinen vorsichtig zu sein. Wir sind Menschen, nicht Götter, die in einer Zeit leben, die sich wie keine auf das Foltern versteht. Wir brauchen immer wieder sichere Höhlen, in die wir uns zurückziehen können, und seien es auch nur jene des Schlafs, erst in den untersten Verliesen der Wirklichkeit werden uns auch die genommen. So war es vor allem mein Zimmer, dem ich vieles verdanke, und in welchem ich immer wieder Zuflucht fand. Es lag in den östlichen Vorstädten, im Dachstuhl eines Mietshauses, das sich von den übrigen nicht unterschied. Die Wände waren zur Hälfte abgeschrägt und sehr hoch, nur durch zwei Nischen im Norden und Osten unterbrochen, in denen die Fenster waren. An der großen, abgeschrägten Westwand befand sich das Bett und beim Ofen eine Kochstelle, auch waren noch zwei Stühle und ein Tisch im Zimmer. An die Wände malte ich Bilder, die nicht sehr groß waren, doch bedeckten sie mit der Zeit die Mauern und die Decke vollständig. Auch der Kamin, der mitten durch mein Zimmer ging, war von oben bis unten mit

Figuren bemalt. Ich stellte Szenen aus unsicheren Zeiten dar, besonders die Abenteuer meines wilden Lebens, die Kriege, die ich im Kampf um die Freiheit mitmachte, auch die großen Atombombenangriffe waren aufgezeichnet. War kein Platz da für neue Bilder, fing ich an, jedes Bild von neuem durchzuarbeiten und zu verbessern. Auch kam es vor, daß ich in einer Art blinder Wut ein Bild wegkratzte, um es noch einmal zu gestalten, die trübselige Beschäftigung meiner öden Stunden. Auf dem Tisch befand sich Papier, denn ich schrieb viel, meistens sinnlose Pamphlete gegen die Stadt. Auch befand sich auf dem Tisch ein Leuchter aus Bronze, in welchem eine Kerze brannte, denn auch am Tage war das Licht schwach. Das Haus aber, in welchem sich mein Zimmer befand, habe ich nie durchforscht. Wenn es auch von außen wie ein neuerer Bau aussah, so war es doch innen alt und zerfallen, mit Treppen, die sich im Dunkeln verliefen. Ich habe in ihm nie Menschen gesehen, obgleich viele Namen an die Türen geschrieben waren, unter ihnen auch der eines Sekretärs der Verwaltung. Nur einmal habe ich es unternommen, die Klinke einer Türe niederzudrücken, die unverschlossen war und in einen Gang führte, in welchem sich zu beiden Seiten Türen befanden. Es war mir, als vernehme ich von weither dumpfes Sprechen, worauf ich wieder zurückwich und in mein Zimmer ging. Das Haus gehörte der Stadt, denn oft kamen Beamte der Verwaltung, doch verlangten sie nie Mietgeld, als wäre ihnen meine Armut selbstverständlich. Es waren Menschen mit einem leisen Benehmen, oft Frauen darunter, in einfachen Straßenkleidern und Regenmänteln, und nie waren es die gleichen, die kamen. Sie sprachen von der Baufälligkeit des

Hauses und daß die Stadt es abbrechen würde, wenn nicht die Wohnungsnot infolge der wachsenden Zahl der Fremden zu groß wäre. Auch kamen von Zeit zu Zeit Männer in weißen Mänteln, die Papierrollen unter dem Arm trugen und ohne ein Wort zu reden stundenlang mein Zimmer ausmaßen, worauf sie mit spitzen Federn in ihren Plänen kritzelten und Linien zogen. Doch waren sie nie aufdringlich und fragten nie nach meiner Herkunft. Ich verachtete sie und verbarg vor ihnen nicht einmal die Papiere, auf denen die Pamphlete standen. Sie kamen jedoch nur in mein Zimmer und nicht in die anderen Räume des Hauses, denn von meinem Fenster konnte ich beobachten, daß sie von der Straße zu mir heraufkamen und das Haus wieder verließen, wenn sie die Arbeit auf meinem Zimmer beendet hatten.

Auch fing ich an, die Menschen zu hassen, weil ich sie verachten lernte. Sie waren verschlossen und für sich, wie die Stadt, in der sie lebten. Nur selten gelang es, ein kurzes und hastendes Gespräch über gleichgültige Dinge mit ihnen anzuknüpfen, und auch dann wichen sie aus. Es war unmöglich, in ihre Häuser zu dringen. Doch gab ich die Jagd nach ihren Geheimnissen erst auf, als ich erkannte, daß sie keine hatten. Sie ließen sich ohne Ideale zu Millionen in die rauchenden Fabriken treiben, in die nüchternen Betriebe und an die endlosen Reihen der Arbeitstische. Es gab nichts, das sie verschönte und ihren Anblick milderte. Die Stadt bot sie gleichsam nackt meinem Blicke dar. Oft stand ich an den Mittagen auf den gewaltigen Plätzen, wenn die Arbeitsheere angeschwemmt kamen, Schwärme von Radfahrern, die blauen, abgenutzten Gefässe der Straßenbahnen ebenso überladen wie die rostigen Omnibusse, an denen die

Farbe abblätterte. Aus den schwarzen Mündern der
Metro wurden in regelmäßigen Abständen riesige Schübe
von Fußgängern ausgestoßen. Privatwagen gab es keine
mehr, nur hin und wieder glitt schweigend ein Wagen mit
Polizisten vorüber, auch der war unscheinbar und veral-
tet. So schaute ich denn auf die rollenden Wogen des
Alltags, die unabläßig immer neue Gesichter heranwälz-
ten, alle müde, alle grau, alle schmutzig. Ich blickte auf
die gekrümmten Rücken und auf die schäbigen Kleider,
auf die zerschundenen Hände, die eben noch einen Hebel
umklammert hatten und sich jetzt um eine Lenkstange
schlossen. Die Luft war von ihrem Schweiß verpestet.
Eine sinnlose Masse nahm mich in ihre Mitte, die nichts
als vegetieren wollte und in eine stampfende Maschine
eingebaut war, deren Räder ohne Unterbruch liefen, die
Stunden, die Tage, die Jahre hindurch, zeitlos und
undurchsichtig. Ich sah die Frauen, die unelegant und
hilflos waren, an irgendeinen ewig mürrischen, ewig
betrunkenen Mann gekoppelt, die Mädchen, ohne
Schmuck und ohne Grazie, bald einem lächerlichen
Traum von Liebe verfallen, bald zerstört und die Augen
ohne Hoffnung. So eilten sie wie gehetzte Tiere nach
ihren Höhlen, in die schmutzigen Pensionen und in die
dunklen, windigen Kammern unter den halbgeborstenen
Firsten. Ich las in den Falten der Gesichter ihre alltäglichen und trostlosen Schicksale, ich erriet ihre Wünsche,
die sich um die banalen Dinge ihres Lebens drehten, um
ein mageres Stück Fleisch, das sie daheim im Blechteller
hofften, um den Schoß eines verblühten Weibes, das sich
dumpf hingab, um ein abgegriffenes Buch aus der Leihbi-
bliothek, um eine Stunde wirren Schlafs, verkrampft auf
einem zerschlißenen Kanapee, um das karge Gedeihen

eines kleinen Schrebergartens. Ich spürte an den Sonntagen ihren Vergnügungen nach. Ich stand auf den Fußballplätzen, eingeklemmt in ihre Unzahl, verschlungen von ihrer Häßlichkeit, und hörte ihr Schreien und Toben. Dann begab ich mich zu den großen Parkanlagen, die in die Stadt gesprengt sind. Ich sah die Züge der Familien, die stumpf und brav im Gänsemarsch daherkamen, Familienväter, die sich nach einem dünnen Bier sehnten, in diesen Wüsten der Arbeit ihr einziges Glück. Ich stieg hinab in ihre Nächte. Die brüllenden Gesänge der Betrunkenen vermischten sich mit dem Rot der Sterne, die am Horizont wie Fackeln aufglommen. Ich sah die Liebespaare in den dreckigen Höfen und auf den faulenden Bänken am Fluß, die sich ineinander flüchteten, eins am anderen scheiternd, eins das andere umklammernd. Ich sah die Dirnen, die sich für eine Kupfermünze verkauften, schritt unter den grünen Reklamen der billigen Kinos hindurch. Mein Ohr vernahm das ewig eintönige Geleier der Rummelplätze. Dann flammten wilde Flüche auf. Ich sah das weiße Blitzen der Messer, schwarzes Blut, das vor meine Füße schwemmte. Wagen heulten heran, aus denen dunkle Gestalten sprangen, in die wütenden Knäuel der Leiber tauchten und sie auseinandersprengten. Ich verließ die Straßen und suchte die öffentlichen Gebäude auf. Ich fand jene, die sich in die Wissenschaften flüchteten, ich war in ihren verstaubten Laboratorien und in ihren Lesesälen, ich sah, wie sie einem Phantom nachjagten, um nicht die Wirklichkeit dieser Welt zu schmecken. Ich besuchte die Ateliers der Künstler und wandte mich mit Abscheu von ihnen, wie ich malten sie ohnmächtig ihre Träume nieder. Die Dichter und Musiker glichen Gespenstern aus längst untergegangenen Zeiten. Ich betrat die zerfallenen Kathedralen und hörte den Geistlichen zu, die sich vor halbgefüllten Bänken bemühten, in den leeren Raum dieser Welt das Licht ihrer Religionen zu gießen. Narren, die der Masse jenen Glauben zu schenken hofften, der bei ihnen selbst keine Kraft mehr hatte. Ich sah die Lüge ihres Unglaubens auf ihren Stirnen brennen und ging lachend weiter. Ich spürte die Sekten auf und die wunderlichen Gemeinschaften, die sich in ärmlichen Stuben versammelten, in Estrichen, wo Spinnweben wie alte Fahnen über ihren Köpfen schwankten und Fledermäuse die Monstranz beschmutzten, in Kellerlöchern, wo sie mit den Ratten ihre stummen Abendmahle teilten. So war alles, was die Stadt mir bot, von einer grenzenlosen Armut, zugedeckt von der grauen Wasserfläche der Alltäglichkeit, von einem toten Ozean, über den in immer gleichen Kreisen die schwarzen Raben ihrer Wächter flatterten.

Von ihr mit eisernen Armen umklammert, wurde mein Schicksal immer lächerlicher. Durch den Ekel und den Haß, den mir die Menge auf ihren Plätzen erregte, immer mehr in mein Zimmer zurückgedrängt, begann ich nutzlosen Träumen nachzuhängen, die um so wahnwitziger waren, als ihre Erfüllung in dieser Welt des Alltäglichen unmöglich war. Ich hatte erkannt, daß es nur noch eine Möglichkeit gab, zu leben, ohne schon lebend zu den Toten zu zählen: die Möglichkeit der Macht. Zu schwach, der Gier nach ihr zu entsagen, und zu realistisch, um nicht einzusehen, daß es in der Stadt unmöglich war, je Macht zu bekommen, überließ ich mich verzweifelt wilden Wünschen. Ich sah mich in Gedanken als einen finsteren Despoten. Bald trieb ich die verhaßte Menge in eine Qual um die andere und starrte in ungeheure Feuerbrände, bald überhäufte ich sie mit Festen und bot ihr blutige Spiele und Orgien. Dann wieder schritt ich zu ungeheuren Eroberungskriegen. Ich verfinsterte den Himmel mit meinen Luftflotten und hielt in unhaltbaren Situationen bis zum Untergang schweigend aus. In den Suppenanstalten, in denen ich meine Mahlzeiten einnahm, setzte ich mich abgesondert von den anderen in eine Ecke und löffelte mein Blechgefäß leer, dabei weilte mein Geist bei unermeßlichen Unternehmungen. Ich verließ die menschlichen Gebiete mit Millionen von Arbeitsheeren und machte die Antarktis fruchtbar, bewässerte die Gobi, ja, ich ließ die Erde hinter mir, die ich von mir warf wie die Schale einer genossenen Frucht. Ich wandte mich dem Monde zu, dessen schweigende Lavawüsteneien ich in fantastischem Taucherkostüm durchmaß, schwimmend im Licht einer riesenhaften Sonne. Eingeklemmt in den Straßenbahnen träumte ich auf meinen eintönigen Heimfahrten in die Vorstadt von den dampfenden Dschungeln der Venus, unter deren rollenden Gewittern ich meinen Weg durch Saurierherden hindurch nahm, triefend vor Schweiß, oder ich dachte mich angeklammert an das eisige Gestein eines Jupitermonds, dessen runder Schatten über die gigantische rote Scheibe des Planeten raste, der den ganzen Himmel einnahm, ein zäher, wirbliger Brei, ein Ungetüm an Maße und Schwere. O peinliches Erwachen aus meinen Träumen! Der Ekel klebte an meinen Lippen, wenn ich auf die Wirklichkeit der Stadt starrte, auf diese schmutzigen Dächermeere, behängt mit Wäsche, die naß im Winde flatterte, auf die wechselnden Schatten, welche die Wolkenberge auf die menschliche Trostlosigkeit herunterwarfen. Ich verlegte mich aufs Schreiben, zeichnete

auf, was ich in meinen Träumen sah, ein Don Quijote,
dem nicht einmal mehr ein klappriger Gaul und eine
rostige Rüstung zuteil wurde, um gegen die Welt, die ihn
umgab, anzukämpfen. Wie ein Wahnsinniger eilte ich
dann durch die Straßen und durch die staubigen Anlagen
der kleinen Fabriken, die sich dort ansammelten, zum
Fluß hinunter und starrte in das unaufhörlich fließende
Wasser. Ich dachte an Selbstmord. Der Gedanke an ein
Verbrechen tauchte auf, ich sah mich als Mörder, gehetzt
von allen Menschen, ein Raubtier, das, planlos würgend,
in verfallenen Kanalisationen lebt. Meine Verzweiflung
trieb mich dem Laster in die Arme, die Nächte häuften
sich, in denen ich bei Dirnen lag, nackt über die willigen
Leiber geduckt, versunken im Genist der Dächer,
umgurrt von Tauben, die der Schrei meiner Gier weckte.
Endlich beschloß ich zu handeln. Ich hatte die Wohnung
eines Beamten ausfindig gemacht, der mitten in Kinder-
geschrei und dem Lärm kleiner Handwerker im Parterre
einer dreckigen Mietskaserne wohnte, eine Straße von
mir entfernt. Doch lag, als ich mein Zimmer verließ, um
den sinnlosen Mord zu begehen, ein kleiner halbzerrisse-
ner Zettel vor meiner Türe, der mich am anderen Tage
bei einem angegebenen Beamten der Verwaltung erscheinen hieß.

Das Zimmer, in welches ich gewiesen wurde, lag in
einem großen Haus der Innenstadt, das einmal eine
Schule gewesen sein mußte und jetzt im zweiten Stock
verschiedene Räume der Verwaltung enthielt. Die Treppen waren alt und schmutzig, abgenutzt von unzähligen
trampelnden Schuhen, in den Fenstern fehlten verschiedene Scheiben, aus einem Korridor hörte ich von irgend-
woher eine alte Standuhr ticken, und ein anderer war

versperrt mit aufeinandergetürmten alten Schulbänken. Im Parterre und im ersten Stock schienen Wohnungen eingerichtet worden zu sein; ein kleines Kind kroch mir auf einmal blitzschnell zwischen den Beinen hindurch und verschwand in irgendeinem der Gänge. Im zweiten Stock hatte ich geraume Zeit zu suchen, denn die Zimmer waren nicht nach der Reihenfolge, sondern planlos numeriert, außerdem waren die Korridore hier finsterer als im unteren Stockwerk. Auch konnte ich erst hier durch ein offenes Fenster hindurch feststellen, daß ich mich in einem rechteckigen Gebäude befand, das einen gepflasterten Hof umgab, in welchem eine wilde Unordnung herrschte. Verrostete Fahrradgestelle lagen herum, zusammengebrochene Gartenstühle, zerschlagene Schreibmaschinen, verbeulte Gefäße und ein bunter Kinderball. In der Mitte stand ein verfaultes Harmonium neben einer auseinandergenommenen alten Matratze, in der sich junge Katzen balgten. Quer über den Hof war ein Seil mit Wäsche gespannt, die, ganz zerschlissen und vergilbt, offenbar schon lange hing. Zwischen den Pflastersteinen wucherte hohes Gras. Ich wandte mich vom Fenster weg und suchte weiter. Der Boden des Korridors war mit abgetretenem Linoleum ausgelegt. Es war totenstill, nur ungewiß glaubte ich einmal eine Schreibmaschine zu vernehmen. Wie ich endlich die angegebene Ziffer fand und klopfte, wurde die Türe von einem noch jüngeren Mann geöffnet, der nicht unsorgfältig mit einem grauen Hemd, einem weißen Leinenkittel und einer grauen Hose bekleidet war, doch fehlte die Krawatte. »Verzeihen Sie«, begrüßte er mich, »die Anordnung der Numerierung wird Ihnen Mühe gemacht haben. Es sammeln sich hier mit der Zeit von allen Departementen Bureaus an, leider mit ihren eigenen Nummern, und so ist die Verwirrung entstanden, ein unnötiger Zeitverlust für den Besucher.« Er bot mir einen etwas beschädigten, doch bequemen Lehnstuhl mit Ohrenklappen an und nahm auf einem gewöhnlichen Holzstuhl Platz, der hinter einem alten Tische stand, der so primitiv war, daß er einfach einem Brett mit vier Beinen glich. Auf dem Tisch befanden sich eine Papiermappe und ein gelber Bleistift, sonst nichts. »Ich danke Ihnen, daß Sie gekommen sind«, sagte er, indem er die Mappe aufschlug.

»Sie sind von der Verwaltung«, antwortete ich, verwundert, daß ich so viel günstiger saß als er, aber auch von seinem Dank verwirrt. »Ich habe nicht zu überlegen, sondern zu gehorchen, wenn Sie mich herbefohlen haben. Sie verfügen über die Polizei und können anordnen, was Sie wollen.«

»Sie waren Soldat«, entgegnete der Beamte, »und schätzen uns nach militärischen Gewohnheiten ein. Die Verwaltung ist jedoch anderer Art, und so ist Ihr Schluß falsch.« Er sprach ruhig und sachlich, als handle es sich um Mathematik, und fuhr fort: »Wir können in Ihrem Falle nicht befehlen, Sie sind ja nicht einmal eingeteilt. Wenn jemand nicht zu uns kommen will, müssen wir ihn besuchen, eine oft zeitraubende Arbeit. Auch kommt es vor, daß wir nicht empfangen werden, und dann sind wir machtlos. Die Fälle, in denen wir durch die Wärter eingreifen können, sind streng begrenzt.«

»Was nennen Sie Wärter?« fragte ich.

»Wir meinen damit die Polizei. Die Verwaltung braucht für sie die Bezeichnung Wärter.«

»Und was will die Verwaltung von mir?« fragte ich und betrachtete das Zimmer. Außer dem Tisch und den

zwei Stühlen enthielt es noch einen Ofen. Das Fenster
wies sorgfältig gereinigte Scheiben auf und ging nach dem
Hofe; eine fehlende Scheibe war mit einem grauen Karton ersetzt. Die Wände waren aus Holz und vollständig
kahl, doch von einer peinlichen Sauberkeit.

»Ich muß versuchen, Sie einzuteilen«, antwortete der
Beamte und nahm ein Blatt aus der Mappe. »Sie haben
mich vielleicht schon gesehen. Ich wohne ganz in Ihrer
Nähe. Auch stand ich einmal neben Ihnen auf dem
Fußballplatz.«

»Sie wohnen im Parterre der Mietskaserne, eine Straße
von mir?« fragte ich gespannt.

»Gewiß. Die Verwaltung weist einem jeden von uns
Fälle zu, die er auch persönlich zu überblicken vermag«,
sagte der Beamte. Sein Gesicht lag im Licht und meines
im Schatten, auch hier hatte ich den Vorteil, ich konnte
ihn beobachten, ohne daß er es bemerkte. Sein Antlitz
war leidenschaftslos und fast ohne Ausdruck, die Augen,
die Nase, der Mund, die Stirne, all dies war wie geome-
trisch konstruiert.

»Die Verwaltung will mich einteilen«, sagte ich. »Wollen Sie mir sagen, was dies bedeutet?«

»Wir müssen doch eine Beschäftigung für Sie suchen«,
entgegnete er und hob nur wenig die überdeutlich gezeich-
neten Augenlider. »Wir müssen doch etwas für Sie tun.«

»Es genügt mir, wie ich lebe«, log ich.

»Wenn Sie so weiterleben wollen, dürfen Sie das natür-
lich. Die Suppenanstalt steht Ihnen jederzeit offen, das
Zimmer steht Ihnen immer zur Verfügung. Sie sind frei.
Dennoch bitte ich Sie, die Vorschläge der Verwaltung
anzuhören und dann Ihren Entschluß zu fassen. Darf ich
Ihnen eine Zigarette anbieten?«

»Die Verwaltung ist großzügig«, sagte ich und zündete mir die Zigarette an, eine jener Art, die wir alle rauchen. Ich spürte, daß er mit dieser Geste Zeit gewinnen wollte. »Nun«, fuhr ich fort, indem ich den Rauch durch die Nase blies, »was haben Sie mir zu bieten?«

»Eine Stelle als Fabrikarbeiter, eine Stelle im Kleinhandwerk, eine Stelle als Gärtner in unseren landwirtschaftlichen Betrieben, eine Stelle in den Magazinen der Konsume und eine in der Kehrichtabfuhr«, entgegnete der Beamte.

»Die noch nicht ganz auf der Höhe ist«, warf ich ein.

»Erst jetzt kommen wir dazu, die Kehrichtabfuhr zu entwickeln«, sagte er. »Wir müssen jetzt unsere Vorschläge miteinander besprechen. Sie werden Ihre Wünsche haben.«

»Sie meinen, ich soll einer von denen werden«, antwortete ich, indem ich den Kopf ein wenig nach der Türe bewegte, und lehnte mich in meinem Sessel zurück.

»Ich denke, es ist das Beste für Sie.«

»Danke«, sagte ich, »mein Leben genügt mir. Ich werde auf mein Zimmer zurückkehren.« Ich sagte diese Worte gleichgültig und schaute kaltblütig nach dem Beamten, über den ich eben das Todesurteil gesprochen hatte, denn ich war fest entschlossen, den Mord zu begehen. In dieser Welt hatte nur noch das Verbrechen einen Sinn. Der Beamte, der, ohne es zu wissen, um sein Leben kämpfte, hob ruhig ein Blatt vor seine Augen und sagte:

»Sie denken sehr unfreundlich von unserer Stadt, und besonders von dem, was Sie Masse nennen, haben Sie eine schlechte Meinung. Sie sind unzufrieden mit Ihrer gegenwärtigen Lage.«

»Wie kommen Sie darauf?« fragte ich, mißtrauisch geworden. Der Beamte legte das Blatt wieder in die Mappe zurück und sah mich an. Ich begriff plötzlich, daß dieser noch jüngere Mann vor mir in seinem weißen Leinenkittel und mit seiner fehlenden Krawatte müde war, wie nach einer jahrelangen ununterbrochenen Arbeit des Geistes, und daß eine unaufhörliche Anspannung die geometrischen Linien seines Gesichts zeichnete. Ich erkannte jedoch gleichzeitig, daß ein überwacher, exakter Verstand hinter dieser Stirne herrschte und sein Blick von einer unbestechlichen Beobachtungsgabe geschärft war. Solche Menschen sind gefährlich. Ich beschloß, auf der Hut zu sein.

»Ich habe einige Ihrer Schriften gelesen«, sagte nun der Beamte und wandte seinen Blick nicht von mir ab. Das entscheidende Wort war gefallen. Wir fixierten uns und schwiegen minutenlang. Draußen im Hofe ertönte plötzlich Kindergelächter.

»Das Lachen der Kinder«, sagte der Beamte, »haben Sie in dieser Stadt auch nie bemerkt.« Seine Stimme klang bitter.

»Gehören meine Schriften zu jenen Fällen, in denen die Wärter eingreifen dürfen?« fragte ich, von einem bestimmten Verdacht erfaßt.

»Die Aussagen des Geistes dürfen unter keinen Umständen bestraft werden, auch wenn sie der Auffassung der Verwaltung zuwiderlaufen«, antwortete er bestimmt.

»Die Beamten, die in mein Zimmer gekommen sind, um es zu vermessen, waren Spione, nicht wahr?« fragte ich höhnisch und machte es mir in meinem Lehnstuhl immer bequemer.

»Wir sind über die Art, wie Sie leben und über die Ansichten, die dieses Leben bewirken, beunruhigt und wünschen Ihnen zu helfen«, entgegnete er, ohne auf meine Frage einzugehen, doch gab er sich gerade so die erste Blöße, die es auszunutzen galt.

Ich lachte: »Ich bedrohe die Stadt, das kann ich mir denken!« Der Beamte schaute mich schweigend und, wie mir schien, mit einer gewissen Verwunderung an, als komme ihm mein Schluß seltsam vor.

»Die Stadt fürchtet mich«, sagte ich, zwar gleichmütig, aber in Wirklichkeit etwas unsicher. »Ich lasse mich nicht einteilen.«

»Davon kann keine Rede sein«, antwortete endlich der Beamte. »Wir fürchten uns vor niemandem. Aber Sie bedrohen sich selbst, das beunruhigt uns, nur das. Sie haben die Welt immer noch nicht begriffen.« Draußen lachten wieder die Kinder.

»Dann ist die Welt von denen begriffen worden, die sich in die staubigen Magazine oder in die verdreckten Landwirtschaftsbetriebe einteilen ließen, von denen, die sich in den endlosen Fabriken zu Tode arbeiten, wenn sie sich nicht gar entscheiden, bei einer Kehrichtabfuhr mitzumachen, die noch nicht richtig funktioniert«, entgegnete ich, durch das Kindergelächter geärgert, und blies dem Beamten eine Schwade Zigarettenrauch ins Gesicht. Doch blieb er unbeweglich und schien meine Unhöflichkeit nicht zu beachten.

»Sie verachten die Leute«, antwortete er, »doch sind Sie der Chance näher, die uns noch geblieben ist.«

»Wir haben keine Chance, es sei denn, daß Sie das Ziel, Vorarbeiter zu werden, eine Chance nennen«, sagte ich. »Die Verwaltung hat dafür gesorgt, daß es keine Chance gibt, und verwandelt die Welt in einen Termitenhaufen. Ich war Soldat. Ich habe für eine bessere Welt gekämpft.«

»Sie hatten den Auftrag, Banditen zu bekämpfen«, verbesserte er mich und hob ein wenig die Brauen, eine Bewegung, die ich immer dann bei ihm feststellte, wenn er in die Enge getrieben war.

»Wir kämpften gegen die Banditen für den Frieden, für die Freiheit, für eine bessere Zukunft und für weiß Gott was alles«, fuhr ich hartnäckig fort. »Und jetzt sind dieser Friede und diese Freiheit gekommen. Wir suchten Wasser und fielen in einen Sumpf.«

»Wir haben Sie lange beobachtet«, sagte der Beamte und setzte sich aus seiner etwas gebückten Haltung gerade und steif aufrecht. Er legte beide Unterarme auf den Tisch und fuhr fort, während draußen die Kinder immer lärmender wurden: »Sie machten die Kämpfe bis in ihre letzten Ausläufer mit. Sie beteiligten sich noch bei den Alpenkriegen. Die Verwaltung hat einige Male versucht, Sie zurückzuziehen, aber Sie weigerten sich.«

»Ich konnte meine Kameraden nicht im Stich lassen«, warf ich ein.

»Sie kämpften in einer Elitetruppe, die aus Freiwilligen bestand. Jeder Ihrer Kameraden konnte sich wie Sie jederzeit aus dem Krieg zurückziehen. Keiner hat es getan. Sie sagen, Sie hätten für die Freiheit gekämpft. In Wirklichkeit kämpften Sie, weil der Krieg für Sie ein Abenteuer war.«

»Waren Sie je im Krieg?« fragte ich neugierig.

»Nein«, bestätigte er meine Vermutung.

»Sehen Sie«, sagte ich, »das habe ich mir gedacht. Der Krieg ist kein Abenteuer, wie man sich das so von seinem Bett aus träumt, sondern eine Hölle.«

»Würden Sie sich wieder freiwillig stellen?« fragte er mit einem seltsamen Zögern. Ich sah in seinen Augen die Spannung, mit der er meine Antwort erwartete.

»Gibt es denn irgendwo noch Krieg?« fragte ich mißtrauisch, da ich die Falle witterte, die er mir stellte.

»Im Tibet«, antwortete er.

Hier begann das Gespräch mit dem Beamten für mich wichtig zu werden. Ich hatte mich bis jetzt treiben lassen, nur dadurch in Spannung gehalten, daß ich aus Zufall mit jenem Menschen sprach, den zu töten ich beschlossen hatte. Nun ahnte ich, wenn auch noch unbestimmt, daß es noch eine andere Möglichkeit gab als den Mord, diese Welt zu ertragen, jene, in den Krieg zurückzukehren. Es war mir zwar ganz klar, daß es dem Beamten vorerst gar nicht darum ging, mir diesen Antrag zu stellen, er wollte, eigensinnig wie nun einmal die Beamten sind, nur in seiner Ansicht recht behalten, daß für mich der Krieg ein Abenteuer gewesen sei; doch meinem Ziel zuliebe, in den Krieg zurückzukehren als den einzigen Ausweg aus meiner hoffnungslosen Situation, mußte ich ihm hier den Sieg lassen, denn nur mit großer Geduld war bei ihm etwas auszurichten.

»Natürlich würde ich mich melden, wenn dies möglich wäre«, sagte ich. »Sie sehen, ich gehe ruhig in die Falle, die Sie mir stellen. Aber Sie kennen den Krieg nicht, und so ist jetzt *Ihr* Schluß falsch. Der Krieg ist eine Hölle, aber wenigstens eine ehrliche. Es lohnt sich noch, in ihm um sein Leben zu kämpfen, und insofern ist er ein Abenteuer, da sollen Sie recht haben. Die Verwaltung dagegen hat eine entsetzlichere Hölle aufgebaut, als es je ein Krieg war, die Hölle der Alltäglichkeit.«

»Für uns am aufschlußreichsten sind jene Ihrer Schrif-

ten, die von Ihren Wünschen handeln«, begann der
Beamte wieder, ohne auf meinen Wunsch einzugehen,
mehr vom Krieg im Tibet zu vernehmen. »Sie bestätigen
uns, daß Sie noch von Abenteuern träumen, die wir uns
nicht mehr leisten können.«

Ich lachte: »Wir leisten uns allerdings nur noch ein
Konzentrationslager, in dessen Gaskammern wir durch
Langeweile umkommen.«

»Sie haben recht«, antwortete nach einigem Schweigen
der Beamte, »wir sind alle Gefangene.« Das Lachen der
Kinder im Hof wurde immer unerträglicher. »Wir haben
durch die Jahrtausende hindurch sorglos von der Erde
genommen, was sie uns bot«, fuhr er fort. Seine Stimme
klang plötzlich leidenschaftlich, sein Gesicht verwandelte
sich, und seine Augen funkelten in einem seltsamen,
drohenden Feuer: »Wir trugen ihre Berge ab und schlugen ihre Wälder, durchpflügten ihre Felder, fuhren über
ihre Meere. Der Boden war unerschöpflich, auf dem wir
unsere Städte gründeten, unsere Reiche errichteten und
wieder zerstörten. Verschwenderisch wie die Natur und
grausam wie sie führten wir unsere Kriege, zuerst aus
Lust, dann aus Hunger nach Gold und Ruhm und endlich aus Langeweile, opferten unsere Kinder, starben von
Seuchen dahingerafft und lagen voll Gier nach immer
neuem Leben bei unseren Weibern, aus deren Schoß die
Menschheit immer mächtiger, immer zahlreicher hervor-
quoll, ein immer gewaltigerer Strom, und nie kam uns
der Gedanke, daß die Erde selbst, dieser kleine Planet,
unsere Gnade und unsere Aufgabe ist.«

In diesem Augenblick sauste klirrend der bunte Kinderball durch das Fenster und rollte auf meinen Schoß.

»Schon die zweite Scheibe«, unterbrach sich der

Beamte, »und Glas ist schwer aufzutreiben.« Ich gab ihm mechanisch den Ball, und er warf ihn hinunter.

»Man weiß doch, daß hier die Verwaltung arbeitet«, schrie er ihm nach. »Immer wenn ich eine wichtige Besprechung habe, müßt ihr lachen und Ball spielen!«

»Ein Beamter hat nie eine wichtige Besprechung«, kam die Stimme eines Knaben herauf.

Der Beamte schloß das Fenster wieder. Draußen hörte man jetzt die Mütter, die mit den Kindern schimpften, endlich eine Männerstimme.

»Der Hauswart«, erklärte der Beamte und zuckte mit der Achsel. »Er ist immer betrunken und hält nie Ordnung.« Er nahm aus der Mappe einen Karton und heftete ihn mit Reißnägeln anstelle der nun fehlenden Scheibe an den Fensterrahmen. Es wurde dunkel im Zimmer, und der Beamte setzte sich wieder.

»Sie träumten von Fahrten nach dem Mond«, begann er unvermittelt von neuem, ohne zu beachten, daß ich nicht nur vom Vorfall mit dem Ball verwirrt war, sondern auch von der Leidenschaft und der Exaktheit, mit der er jetzt sprach. »Wir waren auf dem Mond. Man hat die Flüge schon unternommen, von denen Sie träumten.« (Er wies mit dem Finger auf ein Schriftstück, das er aus der Mappe genommen hatte und welches meine Schrift aufwies.) »Es war ein fürchterliches, stumpfsinniges Unternehmen. Wir lernten sehen, daß außer uns nichts ist als der tödliche Unsinn einer unbelebten Natur, in deren grenzenlosen Wüsten die Erde als der einzige atmende Ball schwimmt. Diese Fahrten gaben uns die Erde zurück und rückten uns wieder in die Mitte, eine zweite ptolemäische Wendung. Doch nicht Einsicht, nicht Vernunft, nicht die Religion vermochte uns zu

ändern, es war die Erde selbst, die uns bezwang. In dem
Maße, wie wir zunahmen, nahm sie ab, und plötzlich war
sie klein und übersichtlich geworden, ganz in unser
Bewußtsein aufgenommen. Die Not besiegte uns. Die
alten Wirtschaftssysteme brachen zusammen, nicht
wegen Theorien, sondern wegen der Unhaltbarkeit ihrer
Struktur. Das Zusammenrücken aller ließ eine Welt nicht
mehr zu, deren kleinerer Teil in verschwenderischem
Reichtum lebte und immer größeren Unsinn erdachte,
die Langeweile zu töten, während der weitaus größere
Teil in bitterer Armut verharrte. Das unheimliche
Anwachsen der Bevölkerung des Planeten erschütterte
die politischen Gefüge, noch suchte man durch sinnlose
Kriege einen sinnlosen Zustand aufrechtzuhalten, dann
brach alles zusammen. Das allgemeine Elend, die Hun-
gersnot, die Angst vor den immer schrecklicheren Waffen, aber auch die Möglichkeit, die Natur technisch zu
bezwingen, wurden zu groß. Der Friede kam, aber nicht
als Paradies, nicht als ein Zustand, der die Wünsche aller
erfüllt, sondern als die letzte Chance, nicht zugrunde zu
gehen, als ein harter Arbeitstag – von der Notwendigkeit
erpreßt, der das Notwendigste für eine noch ständig
wachsende Menschheit schaffen muß, der nicht an Luxus
denkt, sondern an Kleider und Nahrung, an Medika-
mente und an die Weiterentwicklung der Wissenschaft,
als eine unbarmherzige Forderung, die uns in die Fabriken treibt, in die Magazine, in die mechanisierten
Betriebe der Landwirtschaft und in die halbzerstörten
Bergwerke. Es ist bitter, daß die Verwaltung dies, offenbar vergeblich, immer wieder feststellen muß.«

»Es ist bitter«, entgegnete ich spöttisch, »daß die Leistungen der Verwaltung – sie sei gelobt« (ich verneigte

mich sehr übertrieben) » – daß diese Leistungen, die niemand bezweifelt, uns offenbar nicht genügen. Bitte, der Anblick der mißvergnügten Massen, die sich durch die Straßen dieser Stadt wälzen, steht dem Herrn jederzeit zur Verfügung. Wir haben Brot, gewiß. Die Bäuche sind, wenn auch nicht voll, so doch nicht leer, die Prostitution dem Klima angemessen. Aber der Mensch lebt nicht vom Brot allein.«

Er sah mich prüfend an, doch antwortete er nicht.

»Was haben wir denn, außer unserem Brot und unserem Dach über dem Kopf? Von der Qualität dieser Dinge will ich ja nicht reden. Sehen wir zu. Uns ist alles genommen, was uns zu verwandeln vermochte, was uns aus einer bloßen grauen Vielzahl zu einem Organismus machte, auch wenn dieser Organismus reichlich stumpfsinnig war«, sagte ich, ohne den Beamten, den ich endlich gestellt hatte, aus den Augen zu lassen. »Wir haben kein Vaterland mehr, das uns begeistert, das uns Größe, Ehre und einen Sinn gibt, keine Parteien – Sie sehen, ich verlange immer weniger –, die uns mit ihren Versprechungen und ihren Idealen in Schwung versetzen, ja, nicht einmal das Erbärmlichste, einen Krieg, der uns zusammenschweißt und den es zu bestehen gilt, keine Helden, die wir bewundern können, und die Kirchen« – ich lachte – »sind bedeutungslose Privatvergnügungen geworden.«

Er schwieg noch immer.

»Das sind alles überschätzte Dinge, das Vaterland, die Parteien, die Kirchen und die Kriege. Zugegeben. Aber es sind Dinge«, sagte ich. »Was haben Sie uns dafür gegeben? Wenn man eine Ware hergibt, will man auch etwas dafür erhalten!«

»Nichts«, sagte der Beamte.

»Dann haben wir ein schlechtes Geschäft gemacht«, stellte ich fest. »Wir haben nichts mehr als unsere eintönigen Vergnügungen, unser Bier, unsere Dirnen, unsere Fußballplätze und Sonntagsspaziergänge.«

»Wir haben nur das«, sagte der Beamte.

»Und in dieses graue Meer des Alltags soll ich nun springen?« fragte ich. »Nicht wahr, das wollen Sie doch sagen?«

Der Beamte schwieg und sah mich an. Es war totenstill. Endlich stand er auf. Er bot mir eine zweite Zigarette an und antwortete, während sein Gesicht unbarmherzig wie ein Stein wurde: »Diesen Sprung sollen Sie wagen.«

Die Ungeheuerlichkeit, ein solches Leben auf mich zu nehmen, die mir der Beamte nun schon zum zweiten Male zumutete, ließ in mir wieder den Verdacht aufkommen, die Verwaltung werde mich zu diesem Schritt zwingen, wenn ich abschlage. Was mich noch in meiner Vermutung bestärkte, war die Sorglosigkeit, mit der der Beamte alles zugab, dies nicht wie einer, der jemanden zu überreden trachtete, sondern wie einer, der die Mittel besaß, seinen Willen durchzuführen.

»Sie können mich nicht zwingen«, sagte ich ruhig, doch auf seine Antwort gespannt und in der Hoffnung, seine Geduld erschöpft zu finden.

»Nein«, sagte er. »Das habe ich Ihnen schon gesagt.«

»Die Verwaltung will also nur mit mir reden«, sagte ich. »Das verwundert mich, um ganz offen zu sein. Eine Verwaltung hat doch gewiß anderes zu tun, als mit einem armen Teufel Gespräche zu führen. Eine Verwaltung muß Anordnungen treffen und die Mittel haben, sie auch durchzuführen. Eine gewaltlose Verwaltung gibt es nicht. Ich bitte Sie, mir zu sagen, was diese Vorladung eigentlich bedeuten soll.«

Ich sah, daß er verlegen wurde.

»Die Verwaltung hat Ihnen einen Vorschlag zu machen«, erklärte er endlich gewunden. »Sie hat Ihnen nach den Bestimmungen, denen sie unterstellt ist, etwas anzubieten, was sie sehr ungern anbietet, und das abzulehnen Sie natürlich frei sind. Bevor die Verwaltung jedoch gezwungen ist, dies zu tun, möchte sie Ihnen noch einmal die Chance anbieten, die jedem noch offensteht.«

»Die Chance, in der Masse unterzutauchen.«

»Eben diese«, sagte er.

»Menschenfreundlich«, sagte ich.

»Sie schätzen die Aufgabe der Politik falsch ein«, fuhr er wieder mit seinen Theorien fort: »Die alte Politik wollte mehr sein, als sie sein konnte, und wurde dadurch zur Phrase. Die Not zwang uns, die Politik neu zu überdenken. Aus einem unentwirrbaren Knäuel der Ideologien, der Leidenschaften, der Instinkte, der Gewalt, des guten Willens und der Geschäfte wurde die Politik zu einer Sache der Vernunft, ebenso sachlich wie nüchtern. Sie wurde zu einer Oekonomie, zu einer Wissenschaft, den Erdball für den Menschen nutzbar zu machen, zu der Kunst, auf diesem Planeten zu wohnen. Der Krieg wurde unmöglich, nicht weil die Menschen besser wurden, sondern weil ihn die Politik wie ein veraltetes Mittel nicht mehr brauchen konnte. Ihre Aufgabe ist nicht mehr, die Staaten voreinander zu sichern, sondern aus der Erde einen großen, gleichsam mathematischen Raum zu schaffen, der sozial gesichert ist.«

»Mit dieser Politik locken Sie keinen Hund hinter dem Ofen hervor«, lachte ich.

»Diese Politik ist uns aufgezwungen«, sagte er. »Wir können uns keine andere mehr leisten.«

»Und die Freiheit?« fragte ich.

»Sie ist das Ziel des Einzelnen geworden«, antwortete er.

»Dann kann der Einzelne nur noch frei sein, wenn er zum Verbrecher wird«, sagte ich kühn. »Verzeihen Sie, daß ich Ihren Abstraktheiten eine logische Krone aufsetze.«

»Der Beamte sah mich an. »Diesen falschen Schluß befürchten wir sehr bei Ihnen«, sagte er.

Wir schwiegen. Es war mir einen entsetzlichen Augenblick lang, als ob er mich durchschaut hätte und nun alles wüßte, als ob ich vor einem Richter säße, der auf eine unbegreifliche Weise mein Schicksal in Händen hielt. Draußen im Hof lachten immer noch die Kinder. Der Rauch der Zigaretten bildete im Licht blaue Spiralen und Ringe, Wolken, die sich verdichteten, sich drehten und verschwanden, Figuren, wie sie die Astronomen in der Unendlichkeit des Raumes auffinden.

»Die Politik kann mit der Zeit der Menge die Möglichkeit geben, menschenwürdig zu leben, aber sie kann ihr nicht den Inhalt eines solchen Lebens geben. Dies muß jeder einzelne. In dem Maße, wie die Chancen der Menge vermindert sind, ist die seine gewachsen. Wir waren gezwungen, neu zu unterscheiden, was des Kaisers und was des Einzelnen ist, was der Allgemeinheit zukommt und was der Persönlichkeit. Es ist an der Politik, den Raum zu schaffen und am Einzelnen, ihn zu erhellen.«

»Das ist liebenswürdig, uns wenigstens die bescheidene Rolle einer zwar dürftigen, aber doch braven Talgkerze zu überlassen«, spottete ich, wieder gefaßt. »Ihr gebt dem Menschen nichts und verlangt alles von ihm.«

»Wir geben ihm das Brot und die Gerechtigkeit«, sagte der Beamte. »Der Mensch lebt nicht vom Brot allein, bemerkten Sie vor kurzem. Es freut mich, daß Sie in der Bibel bewandert sind, doch ist es ein zynischer Satz im Munde eines Menschen, der den Schluß zu ziehen vermag, nur noch im Verbrechen liege die Freiheit.«

Aus diesem plötzlichen Ausfall konnte ich schließen, daß ihn das Gespräch viel mehr in Erregung setzte, als es den Anschein hatte.

»Was der Mensch mehr als Brot und Gerechtigkeit braucht, kann ihm keine Politik und keine Organisation geben«, fuhr er wieder sachlich fort. »Die Politik gibt dem Menschen, was sie vermag, und sie vermag wenig mehr als nichts, nur das Selbstverständliche, dann läßt sie ihn fallen. Sein Glück ist nicht Sache der Politik.«

»Sie haben uns fallengelassen«, entgegnete ich bitter, »da haben Sie recht. Wir fielen in eine hoffnungslos verspießte Welt von versorgten Kleinbürgern (ich sehe von der schlecht funktionierenden Kehrichtabfuhr, von dem ungenügenden Bauprogramm und ähnlichem ab). Überhaupt macht es sich die Verwaltung mit alledem verteufelt leicht. Sie gibt nur eine abstrakte Ethik, die keinen Menschen begeistert.«

»Wir haben es nie als eine Aufgabe angesehen zu begeistern«, antwortete der Beamte, und seine Stimme wurde leidenschaftlicher: »Als ob eine Verwaltung etwas zum Begeistern wäre. Einer bloßen Notwendigkeit soll man keine Verehrung entgegenbringen, sonst mache man darin bitte auch nicht vor den öffentlichen Bedürfnisanstalten halt. Eine Politik, die heute eine Weltanschauung aufstellen wollte, beginge ein Verbrechen. Notwendigerweise total in der Wirtschaft, würde sie zu einem Moloch, der alles verschlingt. Der Einzelne wäre gezwungen, um sie wie um eine Sonne zu kreisen, während er doch selbst eine Sonne werden muß.« Er war bei diesen Worten bleich geworden. Es war nun meine Aufgabe, die Ruhe zu bewahren, um mein Ziel zu erreichen.

»Ich habe immer wieder in Ihren Schriften gelesen«, fuhr der Beamte fort. »Fassungslos, wie ich zugebe. Ich finde es ungeheuerlich, wie Sie die Wirklichkeit verkennen.«

»Ich erkenne die Wirklichkeit sehr genau«, sagte ich ruhig. »Aber kommen Sie bitte nicht immer auf meine Schriften zurück.«

»Ich muß darauf zurückkommen!« rief der Beamte mit einer Entschlossenheit aus, der ich nachgab, um nicht alles zu verderben. (Es galt, wie ich schon ausführte, immer wieder klug zu sein.) »Sie schildern die Stadt als grau, schmutzig, zerfallen, als halb zerstört. Nun gut, sie ist so, genau so, aber ist dies unser Werk? Es ist Ihr Werk. Sie sehen sich selbst, wenn Sie durch die Stadt gehen, Sie blicken in das Innere Ihres eigenen Herzens.«

»Das ist nun doch wohl etwas übertrieben«, sagte ich gelassen.

Der Beamte schwieg eine Weile und schaute mich aufmerksam an. Es war, als ob er eine Antwort unterdrücke, die ihm auf der Zunge lag. Im Zimmer war es dunkel geworden. Vom Hofe tönte nur noch vereinzeltes Kinderlachen herauf.

»Die Welt ist durch die letzten Kriege zerstört, die ebenso grausam wie sinnlos waren«, begann er endlich von neuem. »Das wissen Sie genau, und das weiß auch ich. Es ist Unsinn, es zu leugnen, und die Leute sind noch dumpf und benommen, mißtrauisch und müde. Wir alle sind müde. Die Arbeit ist riesenhaft, die zu tun ist, um allen jenen Wohlstand zu verschaffen, der menschenwürdig ist, denn ihre gegenwärtige Armut ist unmenschlich. Sie ist die Folge des Krieges. Sie beklagen sich darüber und sind gleichzeitig bereit, im Tibet mitzumachen. Wem gehörte denn die Welt, bevor wir sie übernehmen mußten? Ich denke, euch, den Abenteurern, ob ihr nun Soldaten oder Staatsmänner wart, ob ihr nun Fabriken oder Waffen in den Händen hieltet, ob ihr nun nach Reichtum oder nach einer anderen Gewalt getrachtet habt, sie gehörte euch und nicht den Unzähligen, den Ungenannten, den Geschobenen und Hilflosen, die am Grunde eures Stroms mitgeschleppt wurden. Diese Welt ist euer Werk, ob ihr es beabsichtigt habt oder nicht. Die grauen Steinwüsten, die halbzerbrochenen Häusermeere, die häßlichen Fabriken, die alten Automobile, die verrosteten Treppengeländer, die zerlumpte Masse der Arbeiter, was auch immer diese Welt trostlos macht, und was auch immer Sie mit Ekel feststellen, ist eure Tat. Da stehen wir nun vor dem, was wir von euch geerbt haben, vor dieser Welt voll Elend und Ruinen. Nun müssen wir die Kehrichthaufen eurer Feste wegräumen. Ihr habt den Reichtum dieser Welt verschleudert, nun müssen wir eure Schulden zahlen. Ihr habt die Abenteuer dieses Lebens gehabt, den Genuß der Herrlichkeit dieses Planeten, die Fahrten über die Bläue der Meere, und wir haben die Alltäglichkeit, die Fabriken und die Enge, die Eintönigkeit unserer Arbeitstage. Ihr ginget zugrunde, wir müssen weiterleben. Unser Leben war immer so, nur das eure war anders. Wir waren immer arm, die Schönheit der Welt ein trügerischer Schein, nun riß die dünne Haut. Nackt zeigt sich unsere Armut. Die Stadt ist die Wirklichkeit, wie sie immer war, die Wahrheit, die hinter den verbrannten Kulissen eurer Taten zutage tritt.« Die Nervosität des Beamten war gewachsen. Er drückte die Zigarette aus und bot mir eine neue an, die ich ablehnte, da meine noch nicht zur Hälfte niedergebrannt war. Seine Hand zitterte, wie er sich Feuer geben wollte, mehrere Male setzte er vergeblich an, bis ich ihm Feuer bot.

Er nahm zwei Züge und drückte dann die Zigarette wieder aus.

»Sie sind nervös«, sagte ich mit der Absicht, ihn noch mehr zu verwirren.

»Gewiß«, antwortete er wütend. »Ich kann nicht bestreiten, daß mich Ihr Fall erregt«, und plötzlich packte er mich über den Tisch hinweg mit einem Eisengriff beim Kragen.

»Mensch«, schrie er, »siehst du denn nicht, daß es darum geht, die wahren Abenteuer zu finden, die Abenteuer des Geistes, der Liebe und des Glaubens, die Abenteuer, die allein der Einzelne zu finden vermag!«

»Geben Sie mir diese Abenteuer und lassen Sie die Hand weg«, sagte ich gelassen und blickte ihm unbeweglich ins Gesicht, das nahe dem meinen war.

»Das kann ich nicht«, sagte er leise, »die wahren Abenteuer kann ich nicht geben«, ließ seine Hand von mir, stand auf und trat ans Fenster.

»Dann ist die Verwaltung machtlos«, stellte ich fest, triumphierend über seine Schwäche.

»Sie ist machtlos«, sagte er und blickte bleich in die Dämmerung hinein, durch die kein Kinderlachen mehr drang, die das Zimmer und die zerfallene Welt jenseits seiner Mauern immer mächtiger füllte. »Was könnte uns auch die Macht nützen! Wie wäre Macht imstande, einen Menschen zu zwingen, das in Demut und Kühnheit zu unternehmen, zu was er immer noch fähig ist, jederzeit, das seine Bestimmung ist: Einzugehen in die namenlose Menge als ihr Salz, sie von innen zu durchdringen kraft seiner Liebe und seines Glaubens. Die Welt kann nur durch den Geist gewonnen werden. O einzige Gnade, dies zu begreifen! Doch wir sind hilflos. Wir können die Pforte, die jedem offensteht, keinem öffnen. Wir sind hilflos. Wir sind machtlos«, flüsterte er.

Ich hatte gesiegt.

Ich drehte den Schalter um, den ich an der Wand bemerkt hatte. Eine Glühlampe leuchtete trübe über dem Tisch auf.

»Reden wir sachlich miteinander«, sagte ich. »Was hat die Verwaltung mir anzubieten?«

Er kehrte sich langsam am Fenster um und blickte mir ins Gesicht. Er war totenbleich, und Schweiß lag auf seiner Stirne.

»Gehen Sie«, schrie er mich an und stampfte mit dem Fuß auf den Boden. »Scheren Sie sich nach Hause!«

»Ich lasse mich nicht mehr abweisen«, sagte ich kühl und unbeirrt. »Die Verwaltung ließ mich kommen. Nun bin ich da. Nun will ich wissen, was die Verwaltung mir anzubieten hat.«

Er trat zum Tisch und schaute auf die Papiere nieder.

»Gut«, sagte er müde und ohne mich anzusehen, den Blick nicht von der Mappe gewendet, in der meine Akten lagen. »Ich muß Ihnen gehorchen, wenn Sie darauf bestehen. Die Verwaltung bietet Ihnen Macht an.«

Diese Antwort verwirrte mich so, daß ich den Beamten fassungslos anstarrte. Mein Sieg fiel glänzender aus, als ich erwartet hatte. Er schien jedoch meine Überraschung nicht zu bemerken und setzte sich wieder an den Tisch.

»Ich verstehe Sie nicht«, sagte ich vorsichtig. Sein Angebot kam derart meinen Wünschen entgegen, daß ich trotz meiner Freude mißtrauisch wurde. Es war nicht unmöglich, daß der Beamte ahnte, daß ich ihn hatte töten wollen, und jetzt zu einem Gegenschlag ausholte.

»Man hat die Gesellschaft in Besitzende und Besitzlose eingeteilt«, begann er wie beiläufig, immer noch ohne mich anzusehen, »in Ausbeuter und Ausgebeutete, wie die Fachausdrücke meines Wissens lauteten. Diese Einteilung ist durch die Entwicklung überholt. Die politischen und wirtschaftlichen Zustände sind anders geworden. Die Menschen haben wohl Brot und Gerechtigkeit erhalten und auch die Freiheit des Geistes, die jedem gewährt ist, aber die politischen Freiheiten haben sie verloren, weil es keine Politik mehr im alten Sinne gibt. Vor allem haben sie keine Macht. Die Macht liegt allein bei wenigen, bei einer besonderen Kaste. Die Gesellschaft zerfällt in Machtlose und Mächtige, in Gefangene und Wärter, wie wir uns ausdrücken, um genau zu sein, um zu verhindern, daß den Mächtigen eine falsche Bedeutung zukommt. Man soll sie zwar fürchten, aber nicht verehren.«

»Sie wollen mich in die Verwaltung aufnehmen?« fragte ich atemlos. Auf diese Lösung war ich noch nicht gekommen.

»Nein«, antwortete er. »In die Verwaltung können Sie

nicht aufgenommen werden. Die Verwaltung hat nur die Aufgabe, die beiden Welten der Macht und der Machtlosigkeit zu trennen und Übergriffe zu verhindern. Dazu hat sie Macht, sonst nie.« (Dies sagte er sehr bestimmt, schaute mich auch während der nun folgenden, etwas abstrakten Worte äußerst aufmerksam an.) »Die Verwaltung stellt ebenfalls die Polizei in der Stadt – die von der Menge mit den eigentlichen Wärtern oft verwechselt wird – und ist so imstande, die Verbrecher den Wärtern zu übergeben, die denn auch, getrennt von der Bevölkerung, durchaus im geheimen leben, wie ja die allergrößte Macht nur im geheimen ihren Wohnsitz nimmt. Auf die Wärter dagegen kann die Verwaltung keine Macht ausüben, ebensowenig wie auf die Gefangenen (womit ich die Massen der Bevölkerung meine), über welche die Wärter wiederum nur dann Macht bekommen, wenn die Verwaltung es zuläßt. Die Verwaltung ist ein Schiedsgericht, sonst nichts.« (Er machte eine wegwerfende Bewegung mit der Hand.) »Sie kann nicht einmal einteilen. Es steht jedem Einzelnen frei, zu entscheiden, welcher Partei er angehören möchte, ob er ein Gefangener sein will oder ein Wärter. Auch Sie können wählen. Ihre Wahl *muß* von der Verwaltung angenommen werden.« Dies alles sprach er schnell und gleichgültig.

»Worin besteht die Macht eines Wärters?« fragte ich immer noch mißtrauisch.

»Worin jede Macht besteht«, antwortete er. »In der Macht über Menschen.«

»Über welche Menschen?« forschte ich weiter.

»Über Menschen, die Ihnen ausgeliefert werden«, antwortete der Beamte undurchsichtig. »Was sich im Gebiet der Wärter ereignet, geht die Verwaltung nichts an. Sie steigen in ein Reich unermeßlicher Macht hinunter, wenn Sie annehmen. Die Macht der Wärter ist vollkommen.«

»Werde ich am tibetanischen Krieg mitmachen?« fragte ich. »Ich bin im Gebirgskrieg erfahren. Es wird auch der Verwaltung daran gelegen sein, dort zu gewinnen.«

Er zuckte die Achseln: »Sie einzusetzen wird Sache der Offiziere sein.«

»Wo soll ich mich melden?« fragte ich entschlossen.

»Sie sind bereit, das Angebot anzunehmen?« antwortete er nach kurzem Zögern.

»Ich wähle den Beruf eines Wärters«, sagte ich.

Der Beamte sah mich an. Er hatte sich wieder vollkommen in der Gewalt. »Gut«, sagte er, »hier ist die Adresse«, und reichte mir einen Zettel, ähnlich jenem, der vor meiner Türe gelegen hatte. »Gehen Sie hin, wann Sie wollen. Ich bedaure Ihre Wahl. Doch ist Ihnen dies wohl gleichgültig.«

»Vollkommen«, entgegnete ich.

Er stand auf. Auch ich erhob mich. Sorgfältig schloß er die Mappe mit meinen Papieren zu. Dann schritten wir zur Türe, die er öffnete. Da legte er mir ganz unvermutet noch einmal die Hand auf meine linke Schulter.

»Sie gehen«, sagte er. »Sie haben das Angebot der Macht angenommen. Wieder einmal habe ich verloren. Sie gehören nun zu den Wärtern, bei denen wir nichts zu suchen haben. Ich bin hilflos, Sie wissen es. Ich kann Ihnen nur eines mitgeben, die Versicherung, daß Sie jederzeit den Dienst bei den Wärtern einstellen können. Freiwillig treten Sie ein, freiwillig können Sie wieder austreten. Die Türe ist offen. Noch verstehen Sie dieses Wort nicht, aber einmal werden Sie es verstehen: Die

Türe ist offen. Ich bitte Sie, ich flehe Sie an, meinen Worten zu glauben. Ihr Glück wird davon abhängen, ob Sie meinen Worten Glauben schenken, bedingungslosen Glauben, oder ob Sie mir mißtrauen. Ich habe Ihnen nun nichts mehr zu sagen.«

Ich lachte und ließ den merkwürdigen Kerl auf der Schwelle seines Zimmers stehen. Ich hatte gesiegt und er sein Leben gerettet.

Man wird es mir nicht übelnehmen, wenn ich mich meiner Aufnahme in den Stand der Wärter, die am folgenden Tage stattfand, nur unvollkommen erinnere oder, wie ich zugebe, nur unvollkommen erinnern will, um nur das wiederzugeben, was die historische Wahrhaftigkeit verlangt. Obgleich ich in der Art und Weise, wie die Aufnahme erfolgt, nicht wie viele Kameraden eine bewußte Demütigung zu sehen vermag, so ist sie doch befremdlich und nur durch die Nachlässigkeit zu erklären, mit der die Verwaltung alle förmlichen Angelegenheiten vornimmt: Daraus nun den Schluß zu ziehen, sie wisse unseren Stand nicht zu schätzen, ist absurd, hat sie doch vor allem ihn nötig. Ich halte es daher für am besten und der Disziplin, die wir geschworen haben, am entsprechendsten, den Mangel an Form bei der Verwaltung ein für allemal als eine Tatsache hinzunehmen, die nicht zu ändern ist – am wenigsten von uns, die wir für Ordnung zu sorgen haben –, und auch gelassen zu übergehen, daß sie die denkbar ungeeignetsten Personen für einen uns Wärtern wichtigen Schritt auswählt.

Das Haus, dessen Adresse mir der Beamte übergeben hatte, befand sich in einer Vorstadt, die ich noch selten betreten, die unübersichtlich war, obgleich sie äußerst regelmäßig geplant worden sein mußte. Doch hatte der Umstand, daß man sie mit kleinen Arbeiterhäuschen bebaute, die alle einander gleichsahen – hochgiebelige rote Backsteinbauten – und auch die gleichen kleinen Gärten besaßen, die geplante Übersicht wieder gestört. Das Haus stand in einer schnurgeraden Straße, an einer Omnibushaltestelle, wie ich mich genau erinnere. Es war ebenfalls ein Arbeiterhäuschen mit zwei Birken an der Gartentüre, auch hier unterschied es sich nicht von den anderen. Seltsam schien es mir nur, daß mir ein Mädchen auf mein Läuten hin die Haustüre öffnete. Es mochte nicht fünfzehn Jahre zählen und war von einer Frische, die den düsteren Eindruck des schäbigen Flurs milderte, durch den es mich führte, als ich den Zettel des Beamten wortlos vorwies. Vor einer Tür preßte es mich an seinen Leib und flüsterte Worte von einer erschreckenden Bedrohlichkeit in mein Ohr. Dann ließ es von mir und öffnete die Türe, so daß ich zurücktaumelte, weil das hereinbrechende Licht mich blendete, worauf ich nur allmählich ein mittelgroßes Zimmer wahrnahm, in das ich geführt wurde. In ihm waren geschmacklose Möbel, wie wir solche oft bei Menschen bemerken, die rasch zu einem großen Reichtum gelangt sind, insofern schien hier die Verwaltung plötzlich einen unsinnigen Luxus zu dulden.

Besonders war der starke und süßliche Duft widerlich, der über allem schwebte, doch wurde mein Blick nach der Mitte des Zimmers gezogen, in der sich alles zu einer unförmigen Masse verdichtete. Es waren drei alte Weiber, die auf dünnen Rohrsesseln um ein rundes Tischchen saßen, auf dem sie Karten spielten und Tee aus japanischen Tassen tranken, und noch jetzt werde ich von einem heftigen Ekel geschüttelt, indem ich es unternehme, diese Wesen zu beschreiben. Ihre Lippen waren mit blauer Farbe geschminkt, aber es waren die hängenden Wangen, die meine Abscheu erregten, die fettig glänzten. Von ihren Augen und Händen ist mir eine weniger deutliche Vorstellung geblieben. Sie preßten die Köpfe eng aneinander, wodurch das Unförmige ihrer Erscheinung gesteigert wurde. Sie begrüßten mich mit einem gierigen Redeschwall, ohne von den Karten zu lassen. Indem ich ihren schmutzigen Worten aufmerksam und mißtrauisch folgte, wurde mir die Arbeit deutlich, die mir bestimmt war. Ich vernahm, daß ich mich im Gefängnis der Stadt befand, dem die drei alten Weiber als Vertreter der Verwaltung zugeteilt waren, und daß ich hier meinen Dienst als Wärter anfangen mußte. Sie wiesen auf das Wesen der Bewachung hin, die sich im geheimen abzuspielen habe, so daß dieser Umstand es notwendig mache, den Wärter außer durch die Waffen, die versteckt zu tragen seien, nicht von den Gefangenen zu unterscheiden. Sie ließen mir vom Mädchen die Kleider geben, die den Wärtern zukommen, doch schlugen sie meine Bitte ab, mich anderswo umkleiden zu dürfen, worauf ich mich der Anordnung unterziehen mußte und mich vor ihnen entkleidete. Es waren seltsame Kleider, die mir das Mädchen überreichte, auf die in allen Farben fremdartige Zeichen und Figuren gestickt waren, doch konnte ich mich in ihnen frei und ungehindert bewegen. An Waffen erhielt ich einen Revolver, zwei Munitionsgürtel und zwei Handgranaten.

Dann ließen die drei Alten plötzlich von mir ab. Sie schienen mich nicht mehr zu beachten und hatten sich wieder völlig dem Spiel zugewandt, als mich das Mädchen aus dem Zimmer führte.

Es war eine andere Tür, durch die wir das Zimmer verlassen haben mußten, denn ich befand mich nicht im

Flur wie kurz zuvor, als ich das Haus betreten hatte, sondern vor einer Treppe, die steil hinab führte. Obschon ich überrascht war, unterließ ich es nicht, das Mädchen nach meiner Truppe zu fragen; doch antwortete es nicht, worauf ich ihm nach unten folgte.

Nach kurzem Abstieg gelangten wir in einen kleinen viereckigen Raum, in welchem sich ein Holztisch befand, an dem ein älterer Mann saß und schrieb. Er war gleich gekleidet wie ich, nur daß er noch eine Maschinenpistole umgehängt hatte.

»Da ist er also, der Neue«, sagte er und stand auf. »Nimm Achtungsstellung an, und du, Mädchen, scher dich nach oben zu deinen drei Vetteln!«

Er lauschte mit schräggeneigtem Kopf, wie sich die Schritte des Mädchens nach oben entfernten, öffnete dann, wie nichts mehr zu hören war, befriedigt eine niedere, halbzerfallene Holztüre und befahl mir zu folgen.

Wir gelangten in einen schmalen Gang, der in den bloßen Fels gehauen war, feucht von sickerndem Wasser und nur notdürftig von kleinen roten elektrischen Lämpchen erhellt, deren Leitungen lose an den Wänden entlangliefen. Der Wärter reichte mir einen der beiden Stahlhelme, die hinter der Türe an einem Nagel hingen, mit weißem Stoff überspannt, auf dem die gleichen grotesken Figuren wie auf unseren Kleidern waren; ferner übergab er mir eine Maschinenpistole mit der Bemerkung, die Vetteln brauchten nicht alles zu wissen.

Der Gang war länger als ich vermutete. Er schien sich im allgemeinen zu senken, doch bin ich dessen nicht sicher, da wir manchmal mühsam klettern mußten, so steil hob er sich, dann wieder seilten wir uns in ungewisse Tiefen hinab: sich vom Labyrinth, in dem wir leben, ein

geographisches Bild zu machen, ist wohl nie möglich.
Manchmal schritten wir meterweit durch eiskaltes Wasser, das uns bis zu den Knien reichte. Links und rechts
schlossen sich bisweilen andere Gänge dem unsrigen an.

Mein Führer schritt vorsichtig und schweigend voran,
die Maschinenpistole schußbereit in den Händen, was
ich ihm aus Gewohnheit nachmachte, und dies mit
Recht, denn bei der Einmündung eines Ganges in den
unsrigen pfiff ein Schuß an meinem Kopf vorbei und
verhallte bellend in den Gängen, worauf wir gute hundert
Meter davoneilten, um endlich zu einer Wendeltreppe zu
gelangen, von der aus der Wärter, sinnlos, wie mir
schien, da niemand zu sehen war, in den Gang, durch
den wir gekommen waren, hineinschoß: so oft, bis seine
Maschinenpistole leer war.

Nach kurzem Abstieg gelangten wir zu einer etwas
besser beleuchteten Höhle, in die weitere Wendeltreppen
führten, einige von oben, einige von unten her. Mein
Führer wich nach der Seite aus, und ich betrat die Höhle
von einer Art Vorraum aus, in den ich durch die Wendeltreppe gelangt war, um jedoch entsetzt stehen zu bleiben,
denn in der Mitte der Höhle hing an den Händen ein
nackter, bärtiger Mann, dem man einen schweren Stein
an die Füße gebunden hatte.

Er hing bewegungslos, und nur manchmal röchelte er.
An der Wand aber, direkt am Fels, auf einer dürftigen
Pritsche, mitten unter Haufen verschiedenster Waffen
und Munitionskisten, saß die riesenhafte Gestalt eines
alten Offiziers, mit geöffnetem Waffenrock, so daß eine
haarige, weiße Brust zum Vorschein kam, naß vor
Schweiß. Doch die Uniform war mir vertraut, ich kannte
sie noch vom Kriege her.

»Exzellenz«, stammelte ich, denn der Offizier war niemand anderes als mein alter Kommandant.

Aus einer Flasche, die neben ihm auf der Pritsche stand, schüttete er sich ein Glas mit Schnaps voll, als er mich bemerkte.

»Nun, Hänschen«, lachte der Kommandant heiser und stürzte das Glas hinunter. »Komm her, Hänschen!« und er bettete meinen Kopf, als ich zu ihm gekommen war, an seine feuchte Brust und verkrallte seine greisen Finger in mein Haar.

»Da bist du ja, Hänschen«, fuhr die heisere Stimme über mir fast singend fort, »da bist du ja wieder, mein Hurensöhnchen, hinuntergestiegen zu deiner Exzellenz, in die erhabene, des Menschen einzig würdige Zone der Gefahr. Verflucht dieses Leben über uns, nicht wahr?« und er schüttelte meinen Kopf mit Wucht hin und her. »Hätte mich gewundert, wenn sie mein Hänschen hätten zähmen können, die wohlmeinenden Herren von der Verwaltung. Aber nichts denn Gutes von unseren Herren!«

Unvermutet gab er mir mit seinem rechten angezogenen Knie einen solchen Stoß, daß ich, da er mich gleichzeitig losließ, gegen den Hängenden taumelte, der laut aufstöhnte und noch immer, wie ich mich schon aufgerichtet hatte, wie ein gewaltiger Glockenklöppel hin und her baumelte.

»Einen Stumpen, Dreckskerl!« rief der Offizier lachend zum Wärter hinüber, der mich hergebracht hatte, und richtete sich auf. »Ich habe meine Portion verraucht.«

Dann, als ihm der Wärter eine jener billigen Zigarren gereicht hatte, die überall geraucht werden – es gibt nur

die –, steckte er sie nachläßig mit einem goldenen Feuerzeug in Brand, das seltsam von der ungeheuerlichen
Dürftigkeit der Höhle und seiner verwahrlosten Uniform
abstach. Doch erinnerte ich mich, dieses Feuerzeug
schon im Kriege bei ihm gesehen zu haben, was mich
wieder mit Genugtuung erfüllte. Die alten, guten Zeiten
waren doch nicht ganz verschwunden.

»Hänschen«, sagte er und paffte dem hängenden, nackten Mann eine Rauchschwade ins Gesicht, indem er nahe an
ihn herantrat, »Hänschen, du scheinst dich zu wundern, so
einen bei uns hängen zu sehen. Die Armee, wirst du doch
hoffentlich denken, hat nichts für Schinder übrig. Wenn da
nun einer nackt an einem Strick baumelt, wird dies gegen
den Willen seiner alten Exzellenz sein, nicht wahr, Hänschen, du bist ein anständiger Kerl, und das denkst du?«

Ich nahm Achtungsstellung an und antwortete:
»Jawohl, Exzellenz.«

Der Alte schaute mich mit zusammengekniffenen
Augen argwöhnisch an.

»Hänschen«, sagte er, »was glaubst du denn von diesem Hundesohn? Warum hängt er hier?«

»Er ist ein Gefangener, Exzellenz«, antwortete ich,
immer noch in Achtungsstellung.

Er stampfte auf den Boden. »Er ist ein Wärter, zum
Teufel«, knurrte er. »Ein Wärter wie du auch einer
werden willst, wenn du den Mut zu sowas hast.«

»Ich bin entschlossen, einer zu werden«, antwortete
ich unbeweglich.

»Sehr gut«, nickte der Kommandant mit dem Kopf,
»ich sehe, du bist immer noch der gleiche brave Lumpen-
kerl. Brauchbar zu allem, wie damals im Schützengraben.
Sieh nun gut zu, Kindchen, was ich jetzt mache.«

Und er drückte die brennende Zigarre an des hängenden Mannes Brust aus, daß er laut aufstöhnte.

»Hänschen?« fragte er mich.

»Exzellenz«, stammelte ich totenbleich.

»Der Hund baumelt seit zwölf Stunden«, sagte der Kommandant. »Und er ist ein braver Hund, ein gutes Wächtertier.« Er trat vor mich hin. Der greise Riese überragte mich fast um zwei Kopflängen. »Weißt du, wer diese Schweinerei angeordnet hat, Hänschen?« fragte er drohend.

»Nein, Exzellenz«, antwortete ich und schlug die Absätze zusammen.

»Ich, Hänschen«, sagte der Kommandant und lachte. »Und weißt du weshalb? Weil der Schweinehund sich einbildete, er sei kein Wärter.«

»Was glaubte er denn zu sein?« fragte ich.

»Ein Gefangener«, sagte der Kommandant.

Anhang

Anmerkung I

Die hier vorliegende Prosa ist in ihrer Anlage zwischen den Jahren 1942 und 1946 entstanden, also im Wesentlichen vor den Dramen, deren Vorfeld sie ist. An der *Stadt* wurde bis 1952 immer wieder gearbeitet: Die hier vorliegende Fassung ist, wenn auch nicht ganz der Sprache nach, im großen jene des Jahres 1947. Die 1946 geschriebene *Falle* erschien unter dem Titel ›Der Nihilist‹ in der Holunderpresse Horgen, der ebenfalls im gleichen Jahr entstandene *Pilatus* in der Vereinigung der Oltner Bücherfreunde.

Ich versuchte in jener Zeit, nachdem ich mich, als Zeichner, nur im Bilde wohlgefühlt hatte (eine für mich nicht unbeträchtliche Gefahr), Philosophie zu studieren, ein vielleicht merkwürdiger Ausweg, doch stand kein anderer offen, mir vom Bilde, das mich besaß, eine, wenn auch zuerst geringe, Distanz zu schaffen, eine Distanz, in der ich wenigstens etwas atmen konnte. Es galt gleichsam, eine allzu schwere Anziehungskraft zu überwinden. So ist denn unschwer zu erkennen, daß hinter der *Stadt* Platons Höhlengleichnis steht. Diese Prosa ist nicht als ein Versuch zu werten, irgendwelche Geschichten zu erzählen, sondern als ein notwendiger Versuch, mit sich selbst etwas auszufechten, oder, wie ich vielleicht besser, nachträglich, sage, einen Kampf zu führen, der nur dann einen Sinn haben kann, wenn man ihn verlor.

Geschrieben 1952 als Nachwort zum Sammelband ›Die Stadt‹, Verlag der Arche, Zürich 1952.

Anmerkung II

Zu meiner ersten Prosa ist nachträglich zu bemerken, daß mich vor allem *Die Stadt* nicht losließ. Bevor ich sie 1952 veröffentlichte, versuchte ich sie umzuschreiben, *Aus den Papieren eines Wärters*, ein Stoff, dem ich damals nicht gewachsen war. Es ist ein Zwischendokument. In einem neuen Anlauf vollendete ich den *Stadt*-Stoff zwanzig Jahre später in einem Werk, das unter dem Titel *Stoffe* erscheinen wird: erst dann war ich ihm denkerisch gewachsen. Daß er in der ›Frühen Prosa‹ erscheint, bin ich ihm und mir schuldig.

Geschrieben 1980 für die vorliegende Ausgabe.

Friedrich Dürrenmatt
im Diogenes Verlag

Werk- und Studienausgaben in Diogenes Taschenbüchern